高中生灾害教育读本

北京市地震局　编

地震出版社

绿色印刷　保护环境　爱护健康

亲爱的读者朋友:

　　本书已入选"北京市绿色印刷工程——优秀出版物绿色印刷示范项目"。它采用绿色印刷标准印制,在封底印有"绿色印刷产品"标志。

　　按照国家环境标准(HJ2503—2011)《环境标志产品技术要求　印刷　第一部分:平版印刷》,本书选用环保型纸张、油墨、胶水等原辅材料,生产过程注重节能减排,印刷产品符合人体健康要求。

　　选择绿色印刷图书,畅享环保健康阅读!

北京市绿色印刷工程

图书在版编目(CIP)数据

高中生灾害教育读本/北京市地震局编.—北京:地震出版社,2015.9 (2020.7重印)
ISBN 978-7-5028-4646-6

Ⅰ.①高…　Ⅱ.①北…　Ⅲ.①灾害防治-高中-课外读物　Ⅳ.①G634.203
中国版本图书馆CIP数据核字(2015)第174270号

地震版　XM4711 /G (5339)

高中生灾害教育读本

　北京市地震局　编

　责任编辑:董　青

　责任校对:孔景宽　凌　樱

出版发行:**地震出版社**
　　　　北京市海淀区民族大学南路9号　　　　邮编:100081
　　　　发行部:68423031　68467993　　　　传真:88421706
　　　　门市部:68467991　　　　　　　　　传真:68467991
　　　　总编室:68462709　68423029　　　　传真:68455221
　　　　http://www.dzpress.com.cn
经销:全国各地新华书店
印刷:永清县晔盛亚胶印有限公司

版(印)次:2015年9月第一版　2020年7月第四次印刷
开本:787×1092　1/16　印张:4.5　字数:98千字
书号:ISBN 978-7-5028-4646-6
定价:18.00元

编委会

主　编：任利生
副主编：吴仕仲　鲍小蕾（常务）

编　委：邹文卫　张　英　陈　季　郭　心
　　　　李　妍　罗晓璠　邓先武　张宇隆
　　　　王丽宏　卢　婷　周　娟　詹　青
　　　　沈　红　杨爱红　刘永斌　朋玲艳

前言

　　同学们好！大家知道"防灾减灾日"的由来吗？2008年5月12日14时28分04秒，四川汶川、北川发生里氏8.0级特大地震，地震造成69227人遇难，374643人受伤，17923人失踪。此次地震为新中国成立以来国内破坏性最强、波及范围最广的一次地震，被称为"汶川大地震"。为表达全国各族人民对四川汶川大地震遇难同胞的深切哀悼，国务院决定，2008年5月19日至21日为全国哀悼日。自2009年起，每年5月12日为全国"防灾减灾日"。地震被称为"群灾之首"，开展防震减灾科普宣传教育是地震部门的职责所在，也是法律法规要求，鉴于此，我们编撰了此套丛书。

　　无数事实证明，掌握科学的应急避险知识、树立正确的防灾减灾观念意义重大。学校作为灾害教育的中心，同学们作为祖国未来建设者的接班人，理应学习防灾减灾知识，提高防灾减灾技能，端正防灾减灾态度。灾害经历没有人愿意复制，也不能到经历灾害之后才知道如何应对，我们可以通过学习来提高自己应对灾害的能力。期望你们提升防灾素养之后能向家庭、社区扩散。

　　考虑学生学习负担较重的实际及相关教师的建议，我们对第一版教材进行了缩编、修订，以使其更符合学生阅读需求。编者以地震灾害、地震次生灾害的顺序编撰全书，并兼顾灾害学基础，体现北京特色。希望读者能从中得到点滴启发，囿于时间及水平有限，错误在所难免，敬请批评指正！

编　者
2015年6月

CONTENTS
目录

第四章　防灾活动指南

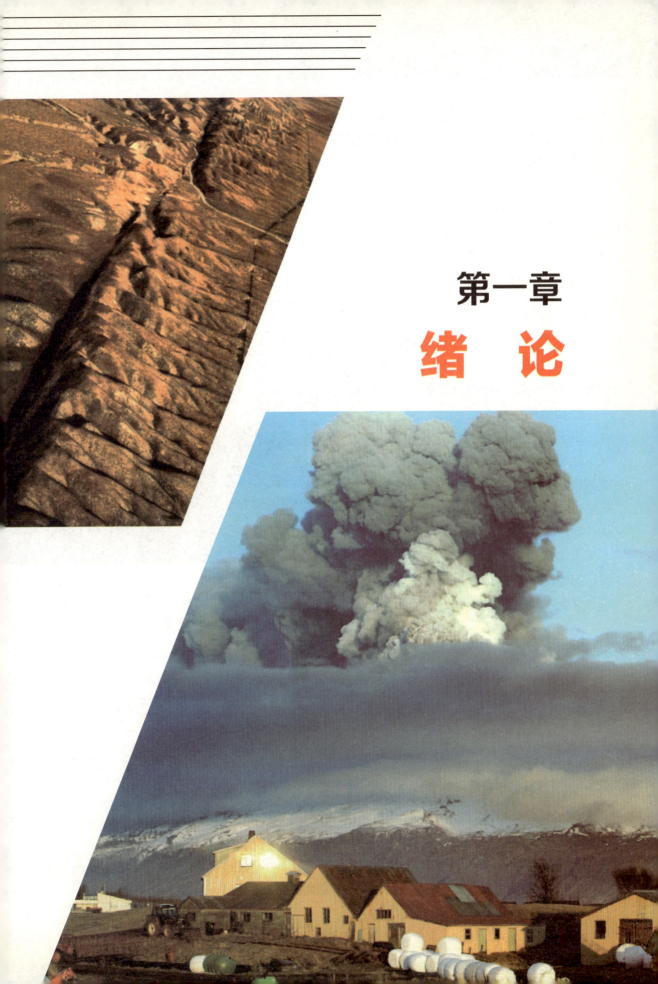

第一章

绪　论

　　我国自然灾害频发、损失日趋严重。防灾减灾工作关系到国家的可持续发展、人民群众的生命财产安全和社会和谐稳定的大局。做好防灾减灾工作，是落实科学发展观、保障国家可持续发展的基础工作之一。

　　虽然灾害是不能阻止的，但是其影响是可以减轻的。实践证明，做好防灾减灾工作，通过增强基础设施抗灾能力、做好救灾应急准备、普及避灾自救互救知识等措施，来提高全社会抵御灾害风险的能力，就能把灾害造成的损失减少到最低限度。

一、认识灾害

◎ 灾害

　　灾害是对能够给人类和人类赖以生存的环境造成破坏性影响的事物的总称，尤其是指对人们的生命财产等造成危害的天然事件和社会事件。

◎ 自然灾害

　　由于自然异常变化造成的人员伤亡、财产损失、社会失稳、资源破坏等现象或一系列事件称之为自然灾害。它的形成必须具备两个条件：一是要有自然异变作为诱因，二是要有受到损害的人、财产、资源作为承受灾害的客体。

　　人迹罕至的沙漠地区虽然有持续干旱的现象，因为其没有造成人员和财产的损失，所以只能称之为干旱现象，而不能称之为旱灾。

国立夏威夷火山公园的瓦哈奥拉游客中心被基拉韦厄火山喷发产生的熔岩流破坏场景

皮纳图博火山喷发

　　世界范围内重大的突发性自然灾害包括：旱灾、洪涝、台风、风暴潮、冻害、雹灾、海啸、地震、火山、滑坡、泥石流、森林火灾、农林病虫害等。

　　自然灾害按照成因大致可以分为：

　　①由大气圈变异活动引起的气象灾害，如干旱、寒潮等；

　　②由水圈变异活动引起的水文灾害，如洪涝、风暴潮等；

　　③由岩石圈变异活动引起的地质灾害，如地震、滑坡等；

④由生物圈变异活动引起的生物灾害，如蝗灾、稻瘟病等；

⑤由人类不合理活动所引起的人为自然灾害，如水土流失、荒漠化等。

◎ 灾害链

许多自然灾害，特别是等级高、强度大的自然灾害发生以后，常常诱发出一连串的其他灾害接连发生，这种现象叫灾害链。

灾害链中最早发生的起作用的灾害称为原生灾害；而由原生灾害所诱导出来的灾害则称为次生灾害。自然灾害发生之后，破坏了人类生存的和谐条件，由此还可以引发出一系列其他灾害，这些灾害泛称为衍生灾害。

灾害链就是一系列灾害相继发生的现象；一种灾害启动另一种灾害的现象；由某一种致灾因子或生态环境变化引发的一系列灾害现象，并将其划分为串发性灾害链与并发性灾害链两种。这些都是学者对灾害链的定义，更突出强调了事件发生之间的关联性。例如，地震发生之后，山体物质松散，易发生滑坡，若再遇强降水，极易造成泥石流，在此基础上，如堵塞河道，容易形成堰塞湖。"7·21"北京特大暴雨、山洪、泥石流灾害就是一个灾害链。

活动：读图理解山地灾害的发育过程。

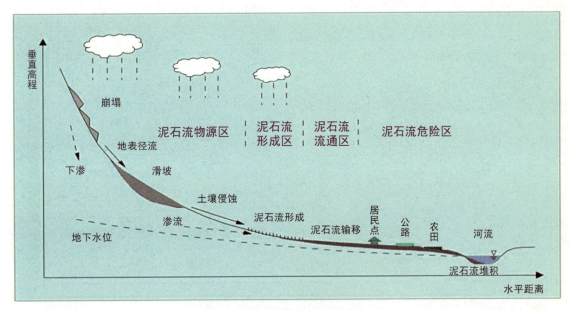

山地灾害发育过程

二、中国自然灾害概况

◎ 中国是世界上自然灾害损失最严重的少数几个国家之一

据相关统计，一般年份，我国受灾害影响的人口约2亿人，其中因灾死亡数千人，需转移安置300多万人，农作物受灾面积4000多万公顷，成灾2000多万公顷，倒塌房屋300万间左右。随着国民经济持续高速发展、生产规模扩大和社会财富的积累，灾害损失有日益加重的趋势。灾害已成为制约国民经济持续稳定发展的主要因素之一。

◎ 中国自然灾害种类多，发生频率高，灾情严重

我国自然灾害的多发性与严重性是由其特有的自然地理环境决定的，并与社会、经济发展状况密切相关。中国位于环太平洋与欧亚两大地震带之间，地壳活动剧烈，是世界上大陆地震最多和地质灾害严重的地区；中国大陆东濒太平洋，面临世界上最大的台风源地，西部为世界地势最高的青藏高原，陆海大气系统相互作用，关系复杂，天气形势异常多变，各种气象与海洋灾害时有发生；中国地势西高东低，受季风气候影响，降雨时空分布不均，易形成大范围的洪、涝、旱灾害；中国约有70%以上的大城市、半数以上的人口和75%以上的工农业产值分布在气象灾害、海洋灾害、洪水灾害和地震灾害都十分严重的沿海及东部平原丘陵地区，灾害的损失程度较大。

◎ 中国常见自然灾害种类

我国国土空间上的自然灾害种类主要包括：洪涝、干旱灾害，台风、冰雹、暴雪、沙尘暴等气象灾害，火山、地震灾害，山体崩塌、滑坡、泥石流等地质灾害，风暴潮、海啸等海洋灾害，森林草原火灾和重大生物灾害等。

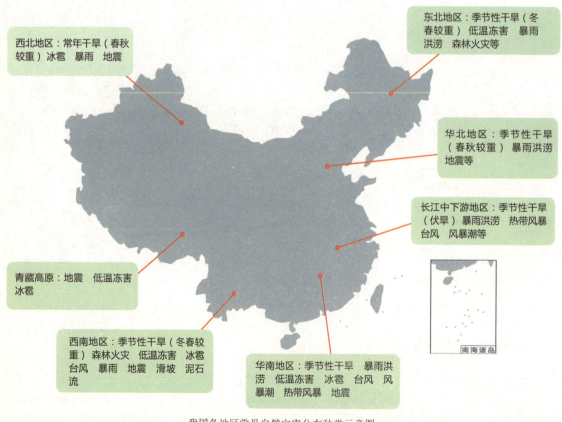

我国各地区常见自然灾害分布种类示意图

静宁县孙家沟大滑坡遗址（1920年宁夏海原地震）

三、我们可以做什么

　　没有人愿意经历灾害。不要等到遭受了灾害，才想到如何去应对。亡羊补牢，为时未晚，我们应该通过主动的学习和演练，来提高自己应对灾害的能力。

　　◎ 灾害观

　　灾害是自然现象，如同刮风、下雨一样，你在或不在，它就在那里。但是，通过我们的努力，灾害的影响是可以减少的。1999年12月联合国大会通过了国际减灾战略。2002年可持续发展世界首脑会议《约翰内斯堡执行计划》中将"减灾"确认为可持续发展的关键组成部分。我们应该树立科学的灾害观：不要过分积极乐观、漠视灾害影响，也不要消极悲观、恐惧灾害发生，而应该正确看待灾害及其影响。鉴往知来，防患于未然。

　　◎ 灾害教育

　　"国际防灾十年"（IDNDR，International Decade for Nature Disaster Reduction）提出"教育是减轻灾害的中心，知识是减轻灾害成败的关键"，可见国际上很

全球自然灾害分布图

重视减轻自然灾害，而且明确指出教育是减轻自然灾害的重要手段，需要提高公众整体的灾害意识，加强家庭、学校、社区等全社会的备灾能力。

◎ 灾害教育始于学校

学校是开展灾害教育的最佳场所。灾害教育不仅仅是告诉你灾害来了怎么办，灾害教育能够有效地提高学生的防灾素养和灾害意识，使学生对灾害形成原因以及分布有深入的学习和了解，掌握一些防灾减灾、应急避险的知识和技能，从而能不同程度地改变学生们的观念和行为，形成积极的态度，从而确保自身生命安全；同时还能向家庭与社会扩散，提高全民防灾素养；长远来看，同学们工作之后，可以结合自己的专业、职业，进行相关的思考，实现真正意义上的防灾减灾。各个专业

灾害教育进校园

都可以与防灾减灾相关，如修建更牢固的房屋，你可以选择抗震建筑设计；制定相关法律法规，进行应急管理；开展灾害教育，等等。

◎ 灾害逃生

灾难发生时情况不一而足，"身处怎样的环境，采取怎样的逃生方式才安全。需要具体分析，临危不乱。"知识本身并不重要，今天的结论很可能明天就会被推翻，重要的是学会像科学家那样思考。

以地震灾害为例，地震发生的情况十分复杂、危险，必须果断、灵活地选择逃生方式。同学们对灾害逃生要有自己"理解"，这样才能灵活掌握地震发生时到底该采用哪种方法逃生和自救。如："现在大多数中小学生只知道要躲就躲在桌子底下。"其实，仅躲在桌子下面还不够，双手还要抓稳桌子腿，因为桌子很可能会随楼面颠簸而移开，起不到保护作用。同时还要保护头部。在家的话，首先应该打开逃生通道和关闭电源、燃气开关，注意预防火灾等次生灾害，要把灾害的损失降到最低。

"地震发生时，是跑还是躲？"回答是："伏而待机、先躲后跑"。"跑"恐怕是很多人的本能反应，但是，你有没有想过，自己能跑出去吗？"可以说，如果建筑物的抗震性能不足，二楼以上的人很难跑出去。""在这个时候，一定要先找个相对安全的地方躲起来，保护头部。目前，大中城市的建筑工程大多都经过抗震设计，校安工程实施之后，教学楼等学校建筑也经过了加固，具备较强的抗震能力。北京的新建建筑物大都可抗烈度Ⅷ度以上地震。地震过后，迅速逃离建筑物，因为余震的威胁往往会造成建筑物的二次坍塌。"

四、资源拓展

中国地震局网站 http://www.cea.gov.cn/
国家减灾网 http://www.jianzai.gov.cn/
美国地质调查局 http://www.usgs.gov/
防灾小卫士微博 http://weibo.com/bnugeo
中国科普博览网 http://www.kepu.net.cn/gb/index.html

五、阅读与实践

阅读联合国减灾大会相关报道，说说你的体会

联合国世界减灾大会十年一届，2015年3月14日至18日在日本仙台召开第三届。14日上午11时，大会开幕式在仙台市国际会议中心展览厅1号厅举行，来自186个国家和地区的7000多位代表出席了会议。我国政府代表团成员分别在主会场和各分会场参加了开幕式。联合国秘书长潘基文在开幕式上强调："防灾是实现可持续发展世界的重要基础，从政治家到普通公民拥有一定的防灾意识是非常重要的。虽然大规模的自然灾害给世界带来了巨大损失，但是，如果我们可以采取加强早期预警预报系统建设等减灾措施和对策，便可以挽救更多的生命和减少更多的经济损失。因此，在这个领域的长期投资是非常重要的选择。"在这次会议上达成的"后兵库行动纲领"（即仙台框架），将在2015年9月召开的联合国千年发展目标的后

减轻自然灾害的三种主要途径：监测、预警和预报，预防，应急和救援

续目标制定会议、联合国峰会和预计年底召开的《联合国气候变化框架公约》第 21 次缔约方会议上进一步加以落实。

预期成果

以《兵库行动框架》为基础，提出未来15年内取得的预期成果是：大幅减少在生命、生计和卫生方面以及在人员、企业、社区和国家的经济、实物、社会、文化和环境资产方面的灾害风险和损失。

预期总目标

为实现预期成果，新框架计划要实现以下预期总目标：防止产生新的灾害风险和减少现有的灾害风险，为此要采取综合和包容各方的经济、结构性、法律、社会、卫生、文化、环境、技术、政治和体制措施，防止和减少危害暴露程度和受灾脆弱性，加强救灾和恢复的待命准备，从而提高复原力。

七个全球具体目标

与总目标相对应再具体分设七个全球具体目标。

（1）到2030年，大幅降低全球灾害死亡率，2020～2030年平均每10万人全球灾害死亡率低于2005～2015年。

（2）到2030年大幅减少全球受灾人数，为实现这一具体目标，2020～2030年平均每10万人受灾人数须低于2005～2015 年平均受灾人数。

（3）到2030年，使灾害直接经济损失与全球国内总产值（国内生产总值）的比例有所减少。

（4）到2030年，通过增强重要基础设施和基本服务的复原力等办法，大幅减少重要基础设施包括卫生和教育设施的受灾损害程度。

（5）到2020年，已制定国家和地方减少灾害风险战略的国家数目大幅度增加。

（6）到2030年，加强国际合作，对执行本框架的发展中国家完成其国家行动提供有效和可持续支持。

（7）到2030年，大幅增加人民可获得和利用多危害预警系统以及灾害风险信息和评估结果的机会。

四大优先行动事项

新框架要求全球在《兵库行动框架》和谋求实现预期成果和目标方面取得的经验的基础上，各国要在地方、国家、区域和各级各部门内部和部门之间采取重点突出的行动，其四个优先领域如下：了解灾害风险；加强灾害风险治理以管理灾害风险；致力于减少灾害风险，提高抗灾能力；加强备灾以做出有效反应，在恢复、善后和重建方面"再建设得更好"。

"5·12"汶川特大地震纪念馆全景

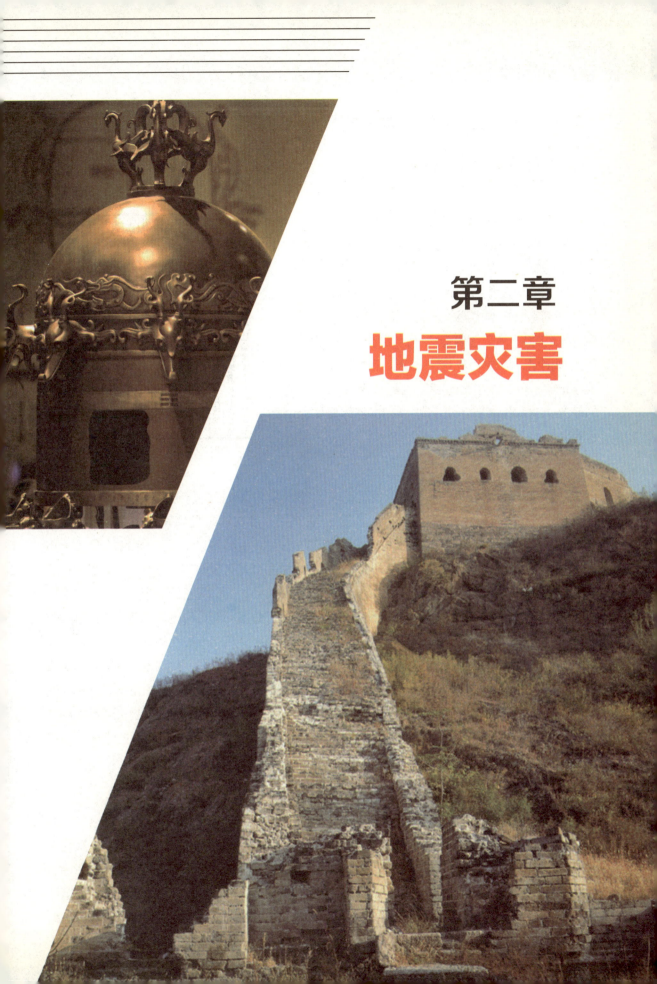

第二章
地震灾害

全球十大最致命的地震

地震往往带来较大的人员伤亡、财产损失，因此地震被称为"群灾之首"。《时代》周刊为我们盘点了史上十大最致命的地震，其中中国占了四席。

◎ 1556年：中国陕西华县

古今中外地震史上最惨重的地震灾难据说是发生在近450年前的中国陕西省华县的一次大地震。1556年，陕西省华县发生了8级强地震。以华县为中心，西起陕西渭南，东至山西永济蒲州镇，东西宽90千米，南北长约30千米范围内变成一片废墟。各类建筑物几乎全部倒塌，华县下降了5~10米。有感范围很广，有文字记载的有11个省区的227个县，面积约100多平方千米。这次地震83万人死亡，在世界地震史上绝无仅有。

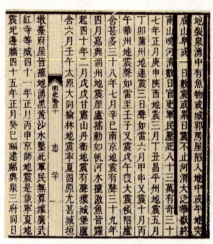

明史记载1556年陕西华县地震导致83万人死亡

◎ 1976年：中国河北唐山

中国很不幸地又有第二次致命的地震记录。1976年7月28日的唐山大地震被称为"世纪

灾难"。那次地震更精确地被称之为二次灾害：发生7.8级强烈地震后，余震持续了16小时，并同样具有很强的破坏性。地震发生在工矿企业集中、人口稠密的城市，地震区内工矿设施大部分毁坏，厂房屋顶塌落，围护墙多数倒塌，高层建筑和一般民房几乎全部坍塌，公路、铁路、桥梁损毁。此次地震的影响区域极大，强震波及我国东部的广大地区，几亿人受到扰动。遭受地震破坏的区域约21万多平方千米，其中严重破坏区3万多平方千米。据京津唐地区累计，地震中死亡24.2万余人，重伤16.4万余人，轻伤者不计其数。

◎ 2004：苏门答腊—安达曼

2004年12月26日，9.2级地震震撼了印度洋海底，释放的能量相当于2.3万颗原子弹爆炸，是40年来最强的一次地震，造成印度洋沿岸各国人民生命和财产的重大损失。这次地震被称为苏门答腊—安达曼大地震，如此命名是因为震中位于印度尼西亚苏门答腊以北的海底。震后引起了印度洋大规模海啸，高达50英尺的巨浪冲击着11个国家的海岸，波及范围远至波斯湾的阿曼、非洲东岸索马里及毛里求斯等国。有些人被巨浪抛进海里，而有些人被淹死在家里，无法逃脱。地震及震后海啸对东南亚及南亚地区造成巨大伤亡，据美国地质调查局官方统计的死亡人数为227898人。

2004年印度洋地震海啸前后的班达亚齐

◎ 1920年：中国宁夏海原

　　1920年12月16日北京时间20时05分，以甘肃海原（今属宁夏）为震中，发生了本世纪中国最强烈的同时也是损害最大的一次地震。这次地震震级为8.5，震中烈度为XII度，持续时间约为10~20分钟，地震波所及7个省份，几乎遍及大半个北部中国。地震发生时，天摇地动，山崩地裂，高山化为沟壑，平原隆为丘峰，河流改变方向，山体滑坡倾盆而下。有的地区，整个村镇被完全掩埋在山体滑坡中。位于震中的海原城，全城屋舍尽被荡平，全县被压死73027人，受伤者十之八九，牲畜被毙者41638头。估计有20万人以上惨遭丧命，牲畜震毙者为170余万头，经济损失更是无法估算。时值隆冬，震后幸存的灾民食宿无着，饥寒交迫，哭声遍野，伤残满目，旷古奇灾，于此为甚。

1920年12月16日，海原发生8.5级大地震，地震产生的断层从一棵大树下面通过

◎ 1923年：日本关东

　　关东地震是日本迄今危害最大的一次地震。1923年9月1日近中午时分，日本主岛本州相模湾海底发生了7.9级大地震，几分钟内，往北约80千米的东京和横滨市的许多建筑物都成了一片瓦砾。第二个灾祸接踵而至——海啸从海洋席卷而来，海浪上升到40英尺（12米）高。地震还引发了火灾。在东京，许多家庭正在传统的炭炉上烧饭。地震使炉灶翻倒，引起了大火。火势从城市的木房屋蔓延开来。家家户户惊恐出逃，人们发现已被困在火墙与隅田川之

间。地震使居住建筑所剩无几，横滨90%的建筑倒塌，东京约⅖的建筑被摧毁。据说，直接因地震倒塌的房屋仅1万幢，而地震时失火却烧毁了70万幢。本次地震造成一半人口无家可归，近143000人死亡。

◎ 1948年：土库曼斯坦阿什哈巴德

1948年10月，在短短的几分钟内，一次7.3级地震使土库曼斯坦首都阿什哈巴德变成了废墟。1000名苏联医生、护士和来自莫斯科及其他城市的医务人员纷纷赶来救助受灾人员。尽管他们尽了最大的努力，仍有11万人丧生。

◎ 2008年：中国四川汶川

2008年5月12日，8.0级特大地震灾害袭击了中国西部的四川省山区，从中国中部到西部的广阔地区遭到严重灾害。地震摧毁了数以百万座建筑物，并造成860亿美元的财产损失。此次地震造成69227人死亡，17923人失踪，大约有1000万人无家可归。

汶川县映秀镇被地震破坏的航空照片

◎ 2005年：克什米尔地区

克什米尔引发了印度和巴基斯坦之间长期的边界争端，是个是非之地。2005年10月8日，克什米尔7.6级大地震增加了该地区的悲哀。地震中7.9万人丧生，几百万人无家可归。由于震区位于偏远、地形复杂的山区，导致救援和重建异常困难。

◎ 1908年：意大利墨西拿

1908 年12月28日，意大利墨西拿发生了里氏7.5级大地震。以今天的标准来看，这次地震是从墨西拿海峡开始，并波及到西西里岛和卡拉布利亚地区。随之引发的海啸将海浪掀到40英尺高，袭击着意大利海港。地震和震后海啸导致超过8万人丧生，几十个小镇被毁。意大利的许多城市中涌入了大量从墨西拿来的难民，他们中的大多数最后被送往北美洲，其中一艘开往佛罗里达的轮船在快到纽约时与另一艘船相撞，身心俱创的意大利乘客第三次受到伤害。

◎ 1970年：秘鲁钦博特

1970年5月31日，秘鲁最大的渔港钦博特市发生7.6级地震。在地震中有6万多人死亡，10多万人受伤，100万人无家可归。钦博特遭受地震和海啸的双重袭击，损失惨重。该市以东的容加依市，被地震引发的冰川泥石流埋没，全城2.3万人被活埋。

探究活动：查找地震数据，在地图上找到历年来大地震的发生地点，标示出来，然后试着把点连成线。你发现了什么？

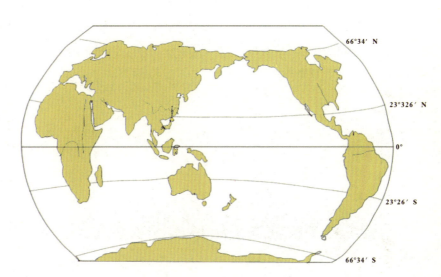

与下边的全球地震带分布图加以对比，你发现有相似的地方吗？

世界主要火山、地震分布示意图

一、认识地震

什么是地震

◎ 地震是一种自然现象

由于地球内部物质的运动，造成地面的震动（摇动、移动），称为地震。地震常常造成严重的人员伤亡，能引起火灾、水灾、有毒气体泄漏、细菌及放射性物质扩散，还可能造成海啸、滑坡、崩塌、地裂缝等次生灾害。

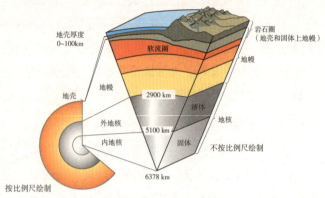

地球内部构造剖面图

全球每天要发生1万多次地震，每年约发生500万次地震。能造成破坏的地震每年约十几次，特别强烈的地震平均每年约1次。并不是一发生地震就会造成灾害，小的地震人是几乎感觉不到的，不必"谈震色变"。

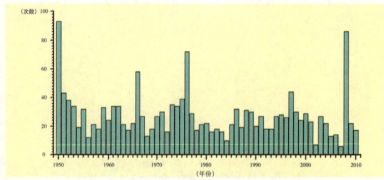

1950～2010年间中国大陆每年5级以上的地震数目

◎ 全球地震呈带状分布

世界地震分布是相当不均匀的，具有全球规模的带状分布现象。据此，人们把全球地震分布划分为环太平洋地震活动带、地中海—喜马拉雅地震活动带。

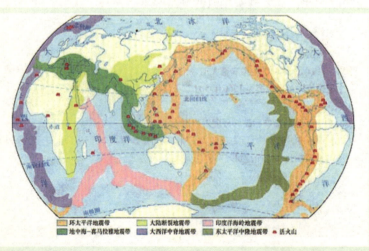

世界主要火山地震灾害带

◎ 我国强震分布广泛

我国位于全球两大地震带交接地，境内强震分布非常广泛，历史上发生过多次强烈地震，造成较大伤亡。如1556年，陕西华县发生了8级强地震，为古今中外地震史上伤亡最惨重的地震灾难；1976年的河北唐山大地震；2008年的四川汶川特大地震。20世纪以来，全球因地震而死亡的人数为110万人，其中我国就占55万人之多。

我国地震活动具有频度高、强度大、分布广、震源浅的特点。同时，由于我国是发展中国家，人口稠密、建筑物抗震能力较低，一旦发生较大震级的地震，往往造成巨大的人员损伤。如2014年的云南鲁甸地震死伤人数在同年世界范围内死亡人数占比过大。

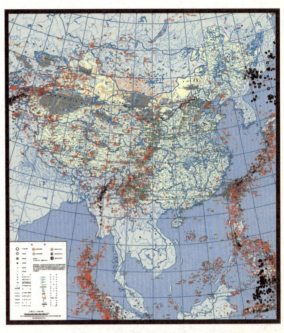

2015年新版《中国及邻区地震震中分布图》

地震小知识

◎ 地震波

地震波是指从震源产生向四外辐射的弹性波。按传播方式分为三种类型：纵波、横波和面波。

纵波是推进波，最先到达震中，又称P波（primary wave），它使地面发生上下振动，破坏性较弱。横波是剪切波，第二个到达震中，又称S波（secondary wave），它使地面发生前后、左右抖动，破坏性较强。横波速度慢于纵波。

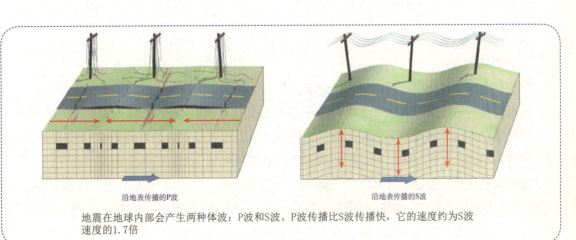

沿地表传播的P波　　　　　　　沿地表传播的S波

地震在地球内部会产生两种体波：P波和S波。P波传播比S波传播快，它的速度约为S波速度的1.7倍

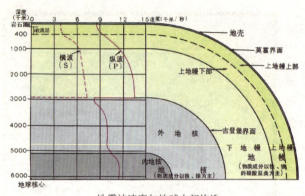

地震波速度与地球内部构造

面波又称L波，是由纵波与横波在地表相遇后激发产生的混合波。其波长大、振幅强，只能沿地表面传播，是造成建筑物强烈破坏的主要因素。

正因为有了地震波，人们才可能了解地球内部结构。地震波传播速度在地球内部有两次较大的波动。第一次在莫霍面上，横波、纵波速度都突然增快，而后在到达古登堡面时横波消失，纵波速度减慢，聚于此，地球内部以莫霍面和古登堡面为界，将地球内部分为地壳、地幔和地核3个圈层。

地球内部发生地震的地方叫震源，地面上正对着震源的那个点叫震中，从震中到震源的垂直距离叫震源深度，地面任何一点到震中的距离叫震中距。通常将震源深度小于70千米的叫浅源地震，深度在70~300千米的叫中源地震，深度大于300千米的叫深源地震。破坏性地震一般是浅源地震。如1976年唐山地震的震源深度为12千米。

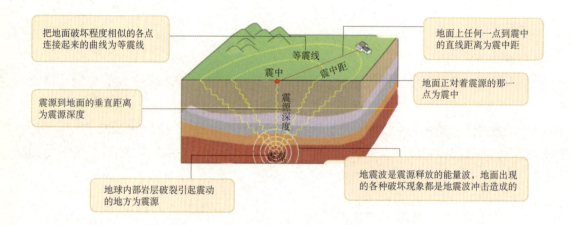

把地面破坏程度相似的各点连接起来的曲线为等震线

地面上任何一点到震中的直线距离为震中距

震源到地面的垂直距离为震源深度

地面正对着震源的那一点为震中

地球内部岩层破裂引起震动的地方为震源

地震波是震源释放的能量波，地面出现的各种破坏现象都是地震波冲击造成的

◎ **震级和烈度**

震级是指地震的大小，是以地震仪测定的每次地震活动释放的能量多少来确定的。

随着科技的不断发展，现在人类可以根据地震仪来测量地震。东汉张衡发明的"候风地动仪"在地震发生时才有动静，能知道哪个方向有地震。地震仪主要是对地震发生时释放的地震波（分横波和纵波）来分析，可以对地震区域和地震强度有个比较精确的测量。

我国目前使用的震级标准是国际上通用的里氏分级表，共分9个等级。在实际测量中，震级则是根据地震仪对地震波所做的记录计算出来的。一次地震只有一个震级。地震愈大，震级的数字也愈大。震级每差一级，通过地震被释放的能量约差32倍。

地震波能量计算公式：

$$\lg E = 11.8 + 1.5M$$

E：弹性波能量，约相当于总能量的1/10

M：震级

震级相差一倍，释放的能量相差很大

震级	相当能量的 TNT 炸药量/t	相当于 20 000 t 原子弹的颗数	
5.5	20 000	1	×
6.0	120 000	6	×
7.0	3 600 000	180	×
7.8	56 000 000	2 800	×
8.0	112 000 000	5 600	×

地震的震级和能量

地震研究部门在报道某地区发生的地震时，往往要说明发生了几级地震、烈度达到几度。其实，地震的震级和烈度并不是一回事。

烈度是指地震在地面造成的实际影响，表示地面运动的强度，也就是破坏程度。我国采用12级的地震烈度划分，用罗马数字的 I ~ XII 表示。

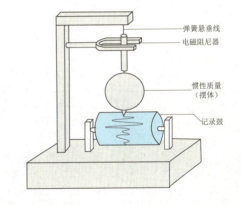

弹簧悬垂线
电磁阻尼器
惯性质量（摆体）
记录鼓

地震烈度	破坏程度	判据	震级 M
I	微震	人无感觉，只有地震仪器可记录得到	
II	轻震	室内个别静止中的人有感觉	3
III	小震	室内少数静止中的人有感觉，门、窗轻微作响	4
IV	弱震	室内多数人、室外少数人有感觉，少数人梦中惊醒；门、窗作响；悬挂物明显摆动，器皿作响	4
V	震感明显	室内绝大多数、室外多数人有感觉，多数人梦中惊醒；门、窗、屋顶、屋架颤动作响，灰土掉落，个别房屋墙体抹灰出现微细裂缝，个别屋顶烟囱掉砖；悬挂物大幅度晃动，不稳定器皿摆动或翻倒	5
VI	损坏	多数人站立不稳，少数人惊逃户外；物架上东西掉落，墙体出现裂缝，老旧房屋损坏	5
VII	轻度破坏	大多数人惊逃户外，骑自行车的人有感觉，行驶中的汽车驾乘人员有感觉；房屋灰土普遍掉下，壁面龟裂、局部破坏、开裂	6
VIII	中等破坏	多数人摇晃颠簸，行走困难；房屋结构破坏，需要修复	6
IX	严重破坏	行动的人摔倒；地裂，滑坡塌方，建筑结构严重破坏，局部倒塌，修复困难	7
X	毁坏	骑自行车的人会摔倒，处不稳状态的人会摔离原地，有抛起感；地裂错开，山崩，房屋大多数倒塌	
XI	毁灭	建筑物普遍倒塌，铁轨扭曲，地下管道破坏，大量山崩滑坡	
XII	大灾难	几乎全面毁坏，地面剧烈变化，山河改观	

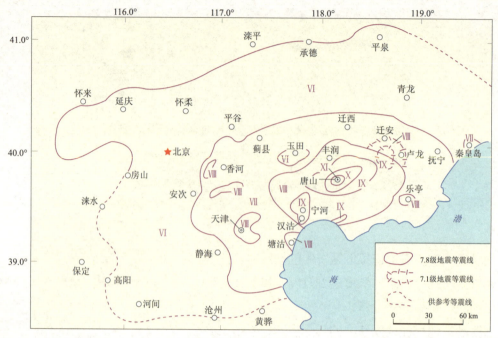

1976年河北唐山地震烈度分布图

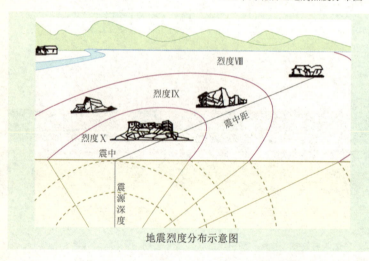

地震烈度分布示意图

影响烈度的因素有震级、距震源的远近、地面状况和地层构造等。一次地震对不同地方的影响是不一样的，因而不同的地点会有不同的烈度值。离震中越远，烈度逐渐变小。

地震烈度谣

三级地震难知晓，四级五级吊灯摇；

六级物倒房微损，七八房坏地裂掉；

九十桥断房屋倒，十一十二重灾到。

地震的预测、预警与预报

◎ 地震应可预测

地震是可以被预测的。但在目前的科技条件下，大多数科学家认为，地震不可精确预报，连技术最先进的日本也只能做到地震预警。

据《后汉书·张衡》记载，地动仪是用青铜铸成的，形状很像一个大酒樽，圆径有8尺。仪器的顶上有凸起的盖子，仪器的表面刻有各种篆文、山、龟、鸟兽等花纹。仪器的周围镶着8条龙，龙头是朝东、南、西、北、东北、东南、西北、西南8个方向排列的，每个龙

海城地震成功预报30周年纪念碑

嘴里都衔着一枚铜球。每个龙头的下方都蹲着一只铜铸的蟾蜍，蟾蜍对准龙嘴张开嘴巴，像等候吞食食物一样。无论哪个地方发生了地震，传来地震的震波，那个方向的龙嘴里的铜球就会滚出来，落到下面的蟾蜍嘴里，发出激扬的响声。看守地动仪的人听到声音来检视地动仪，看哪个方向龙嘴的铜球吐落了，就可以知道地震发生的时间和方向。这样一方面可以记录下准确的地震材料；同时也可以沿地震的方向，寻找受灾地区，做一些抢救工作，以减少损失。

东汉张衡于公元132年创制了世界上第一台观测地震的仪器——候风地动仪。可惜的是，公元4世纪，这台仪器在战乱中散失，至今失传。图中为仿制的地动仪，现陈列在北京市地震与教育科学教育馆

◎ 地震预警的应用

地震预警的原理如同闪电之后要打雷一样（声音比光速慢），可以利用地震波传递的时间差，和地震赛跑，预警更远地区的人们，即时疏散，减少灾害损失。如果汶川地震发生时能够实现地震预警，北川、青川的损失就会小很多。离震中越远，得到的预警时间越长，而震中根本来不及预警。一般来说，地震预警系统只对距离破裂断层50~200千米的范围有效。对于50千米以内的地区，即使发出预警可能也来不及反应；而对于200千米以外的地区，地震产生的破坏可能并不严重，没有必要发出预警。

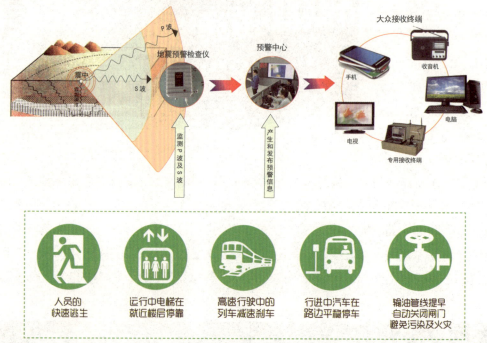

利用预警时间可采取的应急措施

◎ 地震预报目前尚是科学难题

目前在世界范围内，精准的地震预报仍是科学难题。在我国，只有政府有权发布地震预报，其他任何部门、单位和个人，都无权对外发布地震预报。因此任何其他形式的"地震预报"都不可靠。凡带有迷信色彩的地震传言都一定是骗人的。凡是将发震地点"预报"得十分具体（如××月××日××街道）的，肯定都是谣言。对待地震谣言要做到不信谣、不传谣并及时报告。

1975年海城7.3级地震成功预报是人类历史上第一次对灾害地震做出的有成效的预报。成功进行短临预报和政府发出临震提醒，有效地减少了人员伤亡，带来了其他社会和经济效益。

海城地震前，营口新华影剧院的布告。这种震前的地震预报极大地减少了人员伤亡

地震的危害

◎ 原生灾害

破坏性地震发生时，地面剧烈颠簸摇晃，直接破坏各种建筑物的结构，造成倒塌或损坏；也可以破坏建筑物的基础，引起上部结构的破坏、倾倒。建筑物的破坏导致人员伤亡和财产损失，形成灾害。这种直接因地面颠簸摇晃造成的灾害称为地震的直接灾害。

汶川大地震后，映秀镇被地震破坏的场景

◎ 次生与衍生灾害

地震还会引起海啸、火山爆发、崩塌、滑坡、泥石流、毒气泄漏、疫病蔓延等次生与衍生灾害。

大地震对自然界的破坏是多方面的，如大地震时出现地面裂缝、地面塌陷、山体滑坡、河流改道、地表变形，以及喷砂、冒水、大树倾倒等现象。如果大地震发生在海边或海底，还会形成海啸。狂涛巨浪发出飓风般的呼啸声，向四周海岸冲去，造成巨大损失，当然，从总体上看，真正引起海啸的地震并不多见。日本境内的地震一般容易引起海啸，接到预警信号之后，陆地上的人们应到高处避险，海上的船只应该驶离大陆方向避险。

破坏性地震的突发性和巨大的摧毁力，造成人们对地震的恐惧。有一些地震本身没有造成直接破坏，但由于人们明显感觉到了，再加上各种"地震消息"广为流传，以致造成社会动荡而带来损失。经历过地震的人们也会由于一系列问题影响心理健康，需要进行心理康复治疗。研究资料显示，汶川地震灾难给人们的心理造成严重伤害，与国外认为的巨大灾难之后是心理疾病高发阶段的结果一致，严重者甚至表现出某些精神问题，如急性应激障碍（ASD）和创伤后应激障碍（PTSD），长期的精神压力更会引起自杀，需要引起人们的高度关注及对灾民采取心理危机干预。

1966年3月8日河北邢台地震

二、地震来了怎么办

由于地震灾害的人员伤亡主要由建筑物倒塌造成，地震发生时迅速反应就成为成功避险的关键。地震来临时，应采取正确措施，紧急避险。

◎ 就近选择。来不及撤离的时候应该就近选择安全的地方避震。

在家，应躲在坚固的家具下、卫生间等小开间处；

在学校，应保护头部躲在书桌下或选择墙角；

在室外，应选择空旷的地带，不要靠近高楼，也不要临近电线杆或其他容易倒塌的物体。

在平房中时，如果室外空旷，应迅速头顶保护物跑到屋外；来不及跑时可躲在桌下、床下或其他坚固的家具旁，躲在当建筑物倒塌的时候容易形成三角空间的地方，并用毛巾或者衣服捂住口鼻防尘、防烟。卫生间由于空间较小，稳定性较好，加之又有水源，即使建筑物倒塌，存活的可能性也较大，地震发生后躲避在卫生间生还的几率很大。

◎ 灵活把握。应该灵活选择避震地点，视具体情境具体分析。

正在教室上课或者正在工作场所上班、公共场所活动，逃生者应该迅速抱头、闭眼，在讲台、课桌、工作台和办公室家具旁边能形成三角区的地方躲避。

正在闹市活动，逃生者应注意保护头部，迅速跑到空旷场地蹲下。同时尽可能避开高大建筑物、立交桥，远离高压电线及化学、煤气等工厂或设施。

正在野外活动，逃生者应尽量避开山脚、陡崖，以防滚石和滑坡；如遇山崩，要向远离滚石前进方向的两侧跑，切忌顺着滚石的方向跑。

正在驾车行驶，逃生者应迅速躲开立交桥、陡崖、电线杆等，并尽快选择空旷处停车。

◎ 不惊慌，不乱跑，待强震过后迅速有序撤离。

在室内首先要将门打开，确保出口畅通。同时关闭电源、煤气开关，切断火源，预防次生灾害发生。还要注意远离外墙、门窗和阳台，不使用电梯，不要慌张向户外跑，更不能跳楼。地震发生后，碎玻璃、屋顶上的砖瓦、广告牌等掉下来砸在身上是很危险的。水泥预制板墙、自动售货机等也有倒塌的危险，不要靠近这些物体。

如果身体已遭地震伤害，如有可能，应用湿毛巾等捂住口鼻防尘、防烟。设法用砖头等支撑上方不稳定的重物，保护自己的生存空间。为保存体力，不要大声呼救，尽量找到石块或铁器等，敲击物体与外界联系。已脱险的逃生者，震后不要急于回屋，以防余震。

躲在坚固家具的下面

为了自己和家人的人身安全，请躲在桌子等坚固家具的下面。大的晃动时间约为几分钟左右。在重心较低且结实牢固的桌子下面躲避，并紧紧抓牢桌子腿。

保护好头部

在没有桌子等可供藏身的场合，无论如何，也要用坐垫、枕头等物体保护好头部。

保护头部，躲在坚固家具下面

打开逃生通道

为避免地震晃动造成门窗错位,打不开门,影响逃生,应利用横波、纵波的时间差,首先把门打开。这样做的目的是为了减少灾害的影响,曾发生有人被封闭在屋里的事例。

关闭煤气、电源,切断火源

切断火源的机会有三次:第一次机会在大的晃动来临之前的小的晃动之时,在感知小的晃动的瞬间,即刻互相招呼"地震!快关火!",关闭正在使用的取暖炉、煤气炉等,关闭电源。 第二次机会在大的晃动停息的时候,在发生大的晃动时去关火,放在煤气炉、取暖炉上面的水壶等滑落下来,那是很危险的。 大的晃动停息后,再一次呼喊"关火!关火!",并去关火。 第三次机会在着火之后,即便发生失火的情形,在1~2分钟之内,是可以扑灭的。

在老师、家长带领下紧急有序疏散

学校和社区需要制定突发灾害应急方案,平时开展应震演练。在地震来临时,明确撤离方向,同学们按照老师和家长的要求有序地撤离到操场空地,撤离过程中服从指挥,避免踩踏事件发生。

被埋压时，要冷静、坚定，敲打求救

如果被埋压，一定要坚信能活下来。如果两个或多个人一起被埋压，一定要相互鼓励。在能行动的前提下，应逐步清除压物，尽量挣脱出来。要尽力保证一定的呼吸空间，如有可能，用毛巾等捂住口鼻，避免灰尘呛闷发生窒息。不要盲目呼叫，尽量节省力气，可用敲击的方法呼救；注意外边动静，伺机呼救。要设法扩大安全空间，防止重物坠落压身。尽量寻找水和食物，创造生存条件，耐心等待救援。

自救互救

震区群众，尤其是家庭、邻里之间的自救、互救，是减少地震人员伤亡的有效手段之一。如果条件允许的情况下，应寻找被埋压的人。找熟悉情况的人指点，按照当地居住习惯或在门

自救

互救

窗附近寻找。喊话或敲击器物，俯身趴在废墟上面仔细听寻是否有回音。不要轻易离开寻找目标及环境，有组织地分户包干彻底寻找。

参加搜救的人员应注意搜寻被困人员的呼救、呻吟和敲击器物的声音。救援者不能使用利器刨挖，以免伤人。找到被埋压者时，要及时清除其口鼻内的尘土，使其呼吸畅通。已发现幸存者但解救有困难时，应首先输送新鲜空气、水和食物，然后再想其他办法救援。

互救时，要注意方法，避免新的伤亡，切实做到——听仔细：要注意倾听被困人员的呼喊、呻吟、敲物声；挖得准：要大致确定被困人员的位置后再抢救，不要乱挖乱扒；救有法：要讲究方法，救人宜用"先头部、后身体""先救生，后救人"的方法，不要强拉硬拖。

不信谣不传谣

在发生大地震时，人们心理上易产生动摇。为防止混乱，每个人依据正确的信息，冷静地采取行动，极为重要。

我国对地震预报发布有明确要求，《中华人民共和国防震减灾法》第二十九条规定：

◆ 国家对地震预报意见实行统一发布制度。

◆ 全国范围内的地震长期和中期预报意见，由国务院发布。省、自治区、直辖市行政区域内的地震预报意见，由省、自治区、直辖市人民政府按照国务院规定的程序发布。

◆ 除发表本人或者本单位对长期、中期地震活动趋势的研究成果及进行相关学术交流外，任何单位和个人不得向社会散布地震预测意见。任何单位和个人不得向社会散布地震预报意见及其评审结果。

真正的地震预报是通过广播、电视、报纸或者其他正规途径发出的，对于互联网上或者道听途说的具有精确的发震时间、发震地点的地震谣言，我们要明辨真伪，不信谣、不传谣。

三、面对地震

地震不可避免，无法阻止。虽然不可谈震色变，但地震毕竟是群灾之首，应该充分重视。通过努力，共同面对，是可以减轻地震灾害损失的。那么，我们可以做什么？

树立减灾意识

灾害教育是为达到防灾减灾的目的，以培养公民具有灾害意识、防灾素养为核心的教育。其目的是使受教育者掌握一定的关于灾害本身及防灾、减灾、救灾与备灾的知识、能力与态度，树立正确的灾害观，正确看待灾害本身及其发生发展规律，正确地进行相应防灾、减灾、备灾、救灾活动。灾害教育有着深刻的实践性、仿真体验性，并有着丰富的教育内容与价值。

正因为地震难以预测，所以更应该做好防灾减灾工作。如我们可以采用减防震技术，提高建筑抗震能力；检查建筑质量，加固校舍，防患于未然；开展防灾演练，学习相关技能，灾害发生临危不惧；学习科学知识，提高防灾素养，培育安全文化，构建平安社会等。

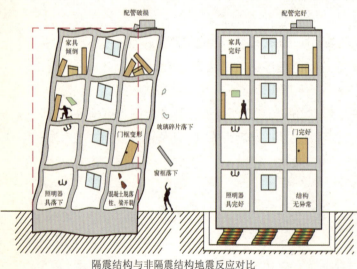

隔震结构与非隔震结构地震反应对比

隔震垫

学习地震知识

平时同学们要积极学习防灾减灾基本知识，包括灾害的基本原理、发生发展规律，逃生方法，如何自救与救人等。

地震前兆歌诀

　　地下水异常：井水是个宝，前兆来得早。无雨水质浑，天旱井水冒。水位变化大，翻花冒气泡。有的变颜色，有的变味道。

　　动物异常：震前动物有预兆，密切监视最重要。骡马牛羊不进圈，鸭不下水狗狂叫。老鼠搬家往外逃，鸽子惊飞不回巢。冰天雪地蛇出洞，鱼儿惊惶水面跳。

　　地光和地声：临震前，一瞬间，地声隆隆地光闪。大震将至要果断，迅速行动快避险。

地震征兆可以了解，但这不能作为预报预警地震的依据，不能迷信。

掌握逃生技能

不要盲目避震，如不要乘坐电梯、跳楼跳窗，不要拥挤在楼梯过道上。

明确震时疏散路线和避难地方；要定期清理杂物，保持门口、楼道畅通。要合理放置家具、物品，固定好高大家具，家具物品摆放做到"重在下，轻在上"，墙上的悬挂物要固定，防止掉下来伤人。阳台护墙要清理干净，不要摆放花盆、杂物等，以免地震时掉落砸伤人。

加固室内家具，防止倾倒砸人，牢固的家具下面要腾空，以备震时藏身。高层玻璃窗贴胶条；准备避震用品，如手电筒、干粮、水等；外出避震时要切断电源，关闭煤气，熄灭炉子。

动手准备一个应急包，固定放在家中方便取用的地方。

学会在紧急情况下拨打紧急求救电话，如110、119、120等，以尽快赢得最佳救援时间。

地震歌谣

　　遇地震，先躲避，桌子床下找空隙，靠在墙角曲身体，抓住机会逃出去，远离所有建筑物，余震蹲在开阔地。

开展应震演练

平时应有组织、有计划地开展应震演练。演练前做好部署，老师分工到位，学生撤离路线、班级撤离顺序应清楚合理。演练时，老师和学生都要保持镇定，不能惊慌乱来。老师统一调度，学生听从指挥，是演练成功的关键。

学会急救方法

身边有人需要救护时，如果你会一些必要的急救技能，就可以发挥大作用，甚至救人一命。掌握人工呼吸、胸外心脏按压、外伤止血这三个急救技术，以备不时之需。

需要特别提醒的是，人工呼吸要与胸外按压交替进行，按压30次，吹气两次为一个循环，这个过程也被称为"心肺复苏"。

四、资源拓展

网站链接

中国地震局网站 http://www.cea.gov.cn/
北京市地震局 http://www.bjdzj.gov.cn/
中国地震科普网 http://www.dizhen.ac.cn/
上海地震科普网 http://www.shdzkp.com/
美国地质调查局 http://www.usgs.gov/
地震三点通微博 http://weibo.com/bjfzjzxjzx

阅读材料

板块构造与大陆漂移学说

阿尔弗雷德·劳塞·魏格纳
（1880～1930），大陆漂移理论创始人

1915年魏格纳在《海陆的起源》一书中提出了大陆漂移的概念，然而他提出的证据未能使地学界相信大陆漂移的真实性。20世纪60年代初，赫斯（H.H.Hess）提出了海底扩张的概念，并得到古地磁学、地球年代学以及海洋地质学和地球物理等方面一系列新证据的支持。三种不同的现象：熔岩序列中磁极性转向的年代，深海岩心中剩余磁化转向的深度，以及平行于海洋中脊的线状磁异常的宽度，都以同样的比率变化着，都是由于扩张海底的地壳从洋中脊迁移而造成的。地学界普遍接受了活动论的观点，并逐渐形成了板块运动学说。

板块构造学说将地球表面划分为若干刚性的岩石圈板块，板块之间为俯冲、碰撞带，中洋脊，以及转换断层等活动带。板块构造学说认为地球表面的运动主要由板块之间的断层活动来完成，而板块边界之间的宽阔的块体变形很小，在全球尺度上可以忽略不计，也就是

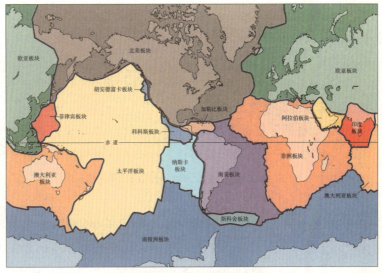
全球岩石圈板块构造图

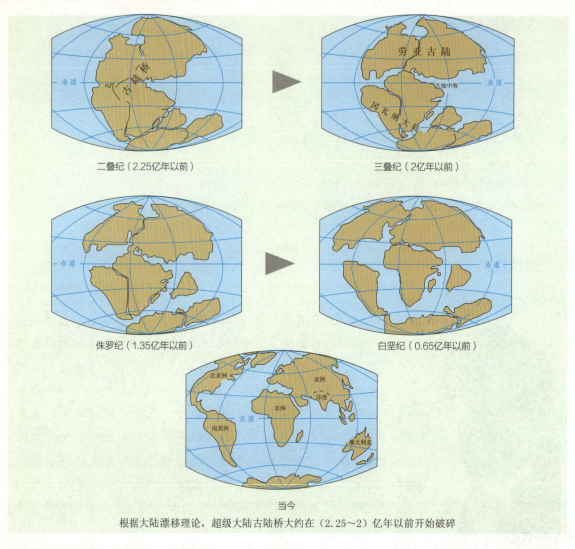

二叠纪（2.25亿年以前）

三叠纪（2亿年以前）

侏罗纪（1.35亿年以前）

白垩纪（0.65亿年以前）

当今

根据大陆漂移理论，超级大陆古陆桥大约在（2.25~2）亿年以前开始破碎

可以认为板块是刚性的。板块运动认为刚性的岩石圈（包括大陆与大洋的地壳）的薄板在上地幔中粘性较小的软流圈上移动。它是从大陆漂移说发展起来，却不同于大陆漂移说。它们的差别主要为：

（1）魏格纳等认为大陆只包含大陆硅铝层；而板块学说中岩石圈板块包含地壳与软流圈之上的岩石圈（岩石圈地幔）。

（2）魏格纳等把大陆看成是主动的单元，而板块学说中大陆是被动的。大陆漂移说认为大陆是穿过壳下硅镁层而漂移的；而板块学说引入了像在传送带上被携带的被动大陆的概念。由于它们在组成上密度较低，通常较有浮力并能逃脱被消减的命运，成为输送带上稳定的被动浮性块。

（3）魏格纳等把大陆硅铝层看成是与地幔硅镁层互相独立的、完全不同的东西；而板块学说认为陆地是地幔分异产生而上浮的化学产物，陆地与其下伏的部分地幔是联系在一起的。板块构造为地幔对流说提供了发展的空间。

我国有哪些主要地震带

我国境内强震分布非常广泛，除浙江、贵州两省外，其他各省都有6级以上地震发生。地震在空间分布上表现了不均一性，往往呈带状分布，称为地震带。我国东部主要地震带有郯城—庐江地震带、河北平原地震带、汾渭地震带、燕山—渤海地震带、东南沿海地震带等；西部有北天山地震带、南天山地震带、祁连山地震带、昆仑山地震带和喜马拉雅山地震带；中部为南北地震带，贯穿中国；另外还有台湾地震带，它是西太平洋地震带的一部分。

地震预警不是地震预报

地震预报，是在地震发生之前，对地震发生时间、地点、强度（俗称地震三要素）的预测报告。目前人类还不能准确地预报地震。

地震预警和地震预报是两回事。什么是地震预警？地震发生后，有纵波（P波）和横波（S波）两种主要地震波同时由震源向外传播。纵波传播速度较快，大约6千米/秒左右，但震动相对较小。横波速度较慢，大约4千米/秒左右，携带能量大，是大地震时造成破坏的元凶。地震预警系统是利用震中附近监测仪器捕捉到的地震纵波后，快速估算地震参数并预测地震对周边地区的影响，抢在破坏性横波到达震中周边地区之前，通过电子通讯系统发布预测地震强度和到达时间的警报信息，使相关机构和公众能采取紧急措施，减轻人员伤亡和灾害损失。

地震预警应该为地震报警或地震警报

"地震预警"是翻译上的问题，英语为Earthquake early warning，日本叫"地震紧急速报"，因此中文应翻译为"地震报警或地震警报"，而不应翻译成"地震预警"，翻译成"预警"容易和"预报"混淆。美国在加州新建立的地震警示试验系统就叫作Shake alert（超快地震烈度速报），也可能是为了更准确地描述这个技术系统是个警报系统。

因此，目前所谓地震预警就是地震警报！它是在一个地方已经发生了地震，当地的地震监测设备在测出了地震之后，发出警报：我这地震了！由于地震波的速度只有每秒几千米，相对电磁波的每秒30万千米要慢得多，人们就将地震发生的消息用电磁波手段（电话、广播、电视、网络）迅速地传给远方，在离地震发生比较远的地方，收到警报时地震波还未到达，这时采取紧急措施逃生和关闭电、气、水等生命线设施，地铁、高铁减速，等等，可以减少损失，避免次生灾害。

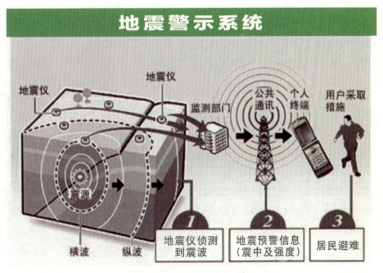

地震警示系统

地震仪　地震仪　监测部门　公共通讯　个人终端　用户采取措施

横波　纵波

1 地震仪侦测到震波　2 地震预警信息（震中及强度）　3 居民避难

地震预警是个复杂的社会工程，需要动员全社会的力量来参与

相关专家指出，要建成一套有效的地震预警系统需要具备以下条件：一是高密度的地震台网：每20～30千米一台（有的专家认为应该做到10千米一个台）；二是好的处理系统：利用台网捕捉的信息迅速定位、计算震级；三是完善的发布系统：将预警信息迅速传递到电视、电台、手机、网络等公共平台；四是健全的法律法规保障：使整个系统能有效运作。概括地说，就是"测得到""定得准""传得出""用得好"。

这四个方面其实只是对地震部门的要求，我们说地震预警是个复杂的社会工程，就是地震预警工程不是单靠地震部门，还需要全社会的参与，包括所有的行业和部门，关系到每一个人。如前所述，地震预警就是地震警报。对于这样的警报，各种人群、各个领域、各个行业的容忍度是不一样的。例如一般公众只要收到预警就会采取行动，并不关心预警的准确性，反正不造成损失更好，有损失我人已经躲避了，这说明公众对地震预警有较大的容忍度；再如高铁，你发布预警，我就采取措施，先减速。我希望在一两分钟里你给我确认是不是大地震还是小地震或者误报，我可以立刻恢复运行，这说明高铁是有一定容忍度的；而核电站不能有个预警我就停堆，我要求必须是对我有威胁时报警，停了反应堆，其恢复需要很长时间，这些行业容忍度就低。

各行各业都收到同一个地震警报，其采取的措施应不同，谁来管？自己管，都要参与，这就叫全社会参与。日本采取了市场化的方法，随着地震预警的发展，出现了许多地震预警增值服务商。也有行业自己制定统一办法的，像日本广播协会（ＮＨＫ）就专门根据地震警报信号开发了供本行业使用的地震预警接收和广播电视发布系统。

只有全社会参与地震预警，才能使地震预警系统发挥减灾作用。这就像战争中的防空警报，地震部门是拉警报的，到哪里躲避、怎样躲避，还要靠自己。值得一提的是，"地震预警"也存在盲区，对于大地震而言，快就容易不准。

把地下搞清楚——地震灾害防御的基础性工作

工程性防御措施是针对房屋和建设工程采取的预防地震灾害的措施，具体地说，就是"把地下搞清楚，把地上搞结实"。

1906年旧金山8.6级地震后，地面产生了明显的地表断层，引起地震学家的关注。1971年美国圣费尔南多地震、1996年日本阪神地震和1999年中国台湾集集地震后，人们逐渐意识到活动断层、地形地貌对地震灾害有非常大的影响。活动断层发育的地方，地震时容易引起地表断裂、错动。如：1739年宁夏平罗—银川8级地震将长城拦腰截断；1999年台湾集集地震造成石岗坝两坝段

地震断层错动毁坏房屋（汶川地震）

垮塌，泄露270万立方米库水。

2008年四川汶川8.0级特大地震中，断层穿越之处的房屋、桥梁、路基等全部毁坏，断层两侧建筑物却坏而未倒，也就是说，如能避开断层，在地震中是可以适当减轻地震灾害的。要避开地震活动断层，就要"把地下搞清楚"。中国地震局在北京、上海、天津和福州等21个大中城市开展了"城市活动断层探测与地震危险性评价项目"，查明活动断层的分布并鉴别它们的发震危险性，判定地震潜在危险地点（段），为城市规划和工程建设选址提供了预防地震灾害的有益帮助。

"地震区划图"的编制也是"把地下搞清楚"的一项重要工作。我国先后于1957年、1977年、1990年和2001年共四次编制了全国地震区划图。编制的基本理念为"大震不倒，中震可修，小震不坏"。在地震区划图上标示的烈度值称为基本烈度，它表示所在区域的地震危险性程度，也就是当地普通建筑的抗震设防要求。我国第五代《中国地震动参数区划图》已经出版，并将于2016年6月1日起以强制性国家标准（GB18306—2015）正式实施。相较于现行的第四代区划图，第五代区划图有两大

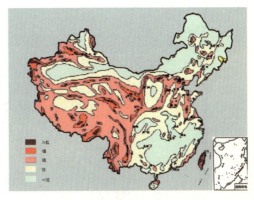

中国地震区划图（1990）示意图

变化：一是取消了不设防地区，二是在附录中将地震动参数明确到乡镇。

因此，对于一般工业与民用建筑，合理避开地震活动断层，并按照地震区划图规定的基本抗震要求进行设计和施工，就可以实现抗震设防的最低目标。但是对于重大工程，如大型桥梁、水坝、核电站等，则必须科学选址，通过开展地震安全专项评价，来确定抗震设防要求。

把地上搞结实——高质量的建筑能化解或减轻地震灾害

地震时人员伤亡主要是由建筑物倒塌造成的，因此，高质量的建筑能够有效地减少人员伤亡。

要成为高质量的建筑，首先，要对各地可能发生地震的危险程度进行估计，并根据这种地震危险性区划，确定建筑物的设防标准。

其次，设防标准一旦确定，必须要按照建筑设计规范的要求，进行设计和施工，保证建筑物能达到这种标准。2010年国家颁布《建筑抗震设计规范》（GB 50011—2010），就是保证"小震不坏，中震可修，大震不倒"。

满足以上两个要求的，就可以称为是高质量的建筑了。

书法 地震民谣选录
作者 肖毅

此书法为首届"城市与减灾"杯
防灾减灾作品大赛获奖作品

中国地震动峰值加速度区划图

中国地震动反应谱特征周期区划图

第五代《中国地震动参数区划图》

第三章

地震易引发
的次生灾害

　　地震引发的次生灾害是指：由于强烈地震使山体崩塌，形成滑坡、泥石流；水坝河堤、堰塞湖决堤造成水灾；震后流行瘟疫；易燃易爆物的引燃造成火灾、爆炸或由于管道破坏造成毒气泄漏以及细菌和放射性物质扩散对人畜生命威胁，等等，统称为次生灾害。

　　地震次生灾害主要有：火灾、水灾（海啸、水库垮坝等）、传染性疾病（如瘟疫）、毒气泄漏与扩散（含放射性物质）、其他自然灾害（滑坡、泥石流）、停产（含文化、教育事业）、生命线工程被破坏（通讯、交通、供水、供电等）、社会动乱（大规模逃亡、抢劫等）。

　　本章主要介绍地震次生灾害的常见灾种，如地质灾害中的滑坡、泥石流，海洋灾害中的海啸，人为灾害中的火灾，以及灾后防御需要用到的传染病知识。

尼泊尔地震引发珠穆朗玛峰南坡雪崩

滑坡、崩塌、泥石流

一、相关知识

　　地质灾害是指在自然或者人为因素的作用下形成的，对人类生命财产、环境造成破坏和损失的地质作用（现象）。如崩塌、滑坡、泥石流、地裂缝，以及地震、火山等。

◎ 我国地质灾害严重

　　中国是一个滑坡、泥石流等地质灾害发生十分频繁和灾害损失极为严重的国家，尤其是西部地区。不仅在我国如此，世界上其他国家也遭受着滑坡与泥石流等地质灾害的威胁。根据美国地质调查局统计：1969~1993年间，全球死于滑坡和泥石流灾害的平均人数约为每年1550人；同一时间，美国滑坡和泥石流造成的灾害损失平均每年约为20亿美元。滑坡和泥石流是一种自然灾害，自古有之。随着经济社会不断发展，人类活动加剧了这一自然过程。为什么泥石流等地质灾害带来如此严重的人员伤亡、财产损失？什么地方容易发生地质灾害？我们可以做什么？值得我们思考。

◎ 滑坡

滑坡是山区、丘陵地区常见的灾害。它与地震、崩塌、泥石流一样，是一种危害很大的不良自然地质现象。

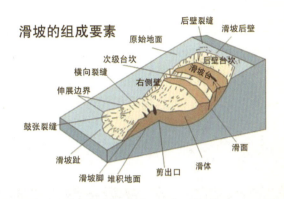

滑坡的组成要素

滑坡是指斜坡上的土体或者岩体，受河流冲刷、地下水活动、雨水浸泡、地震及人工切坡等因素影响，在重力作用下，沿着一定的软弱面或者软弱带，整体地或者分散地顺坡向下滑动的自然现象。俗称"走山""垮山""地滑""土溜"等。

滑坡为整体或几大块相继滑动，一般为缓慢地、长期地、间歇性地沿滑动方向向下滑动，它可以延缓几年、几十年以至百年以上。滑坡滑动的土体或岩体可大可小，小的百十立方米，大的可达几十万甚至数百万立方米。滑坡具有很大的破坏力，大规模的滑坡会掩埋村镇、摧毁工矿、中断交通、堵塞江河、破坏农田和森林，给国家建设和人民的生命财产造成严重的损失。

◎ 泥石流

泥石流是指在山区或者其他沟谷深壑、地形险峻的地区，因为暴雨、暴雪或其他自然灾害引发的山体滑坡并携带有大量泥沙以及石块的特殊洪流。泥石流具有突然性以及流速快、流量大、物质容量大和破坏力强等特点。

北京地区有潜在泥石流吗？地理课上，我们知道了在北京平原占⅓，其余⅔都是山地，有滑坡、泥石流潜在风险。如"7·21"特大暴雨就引发了山洪，山洪进而引发了泥石流。滑

坡、泥石流只是在北京地区不常见而已。泥石流会带来巨大的危害：①对建筑物的危害：泥石流最常见的危害之一，它冲进乡村、城镇，摧毁房屋、工厂、企事业单位及其他场所设施。淹没人畜、毁坏土地，甚至造成村毁人亡的灾难。如2010年8月7~8日，甘肃舟曲爆发特大泥石流，造成1270人遇难，474人失踪，舟曲5千米长、500米宽区域被夷为平地。对工程设施的危害主要是冲毁水电站、引水渠道及过沟建筑物，淤埋水电站尾水渠，并淤积水库、磨蚀坝面等。②对交通的危害：泥石流可直接埋没车站、铁路、公路，摧毁路基、桥涵等设施，致使交通中断，还可引起正在运行的火车、汽车颠覆，造成重大的人身伤亡事故。有时泥石流汇入河道，引起河道大幅度变迁，间接毁坏公路、铁路及其他构筑物，甚至迫使道路改线，造成巨大的经济损失。新中国成立以来，泥石流给我国铁路和公路造成了无法估计的巨大损失。

◎ 崩塌

崩塌又称山体滑坡、山泥倾泻、走山，俗称地滑、土溜，是指在重力的影响下岩石和土壤沿着一段山坡下滑的现象，又称作坍方。若是土体坍方时，混和雨水或河水则演变成土石流。

崩塌主要影响陆路交通以及生态环境，严重时可以毁坏整个村庄，砸死人畜，毁坏工厂、电站，堵塞道路。山崩后的石块、土块大量落入河道中，还会阻塞河流，形成洪水灾害。

堰塞湖是由火山熔岩流或由地震活动等原因引起山崩滑坡体等堵截河谷或河床后贮水而形成的湖泊。堰塞湖虽然美丽，但是一旦决口则形成威胁，必须事先以人工挖掘、爆破、拦截等方式引流或疏通湖道，使其汇入主流流域或分散到水库，以免造成洪灾。

二、灾害来临

◎ 灾害发生前都有其征兆

滑坡主要征兆：斜坡前缘发生垮塌，并且垮塌的边界不断向坡上发展；斜坡前部发生丘状隆起，顶部出现张开的扇形或呈放射状裂缝分布；斜坡局部沉陷；斜坡上建筑物变形、开裂、倾斜；井水、泉水水位突然明显变化等。

泥石流主要征兆：暴雨或连续下雨时要警惕；溪流突然断流或洪水突然增大；沟谷发出巨大的轰鸣声或轻微的振动感；沟侧发生崩塌、滑坡等致使沟谷堵塞严重等。

崩塌主要征兆：陡坡掉块、小崩小塌不断发生；陡崖出现新的破裂痕迹；嗅到异常气味、听到摩擦错碎声。

三、有备不患

一旦觉得危险，只要有可能，就赶紧撤离，生命比财产更重要。打电话通报当地消防部门、警察或市政部门寻求帮助。告诉滑坡影响区的邻居。滑坡范围可能比你想象得要大得多，尽量让更多的人都知道。

◎ 外出行车

如果在野外行车时遇到滑坡、泥石流、崩塌，最好掉头找一条较为安全的路线行驶。如果必须经过，应当注意路上随时可能出现的各种危险，如掉落的石头、树枝等。要随时查看清楚前方道路是否存在塌方、沟壑等，以免发生危险。不要在刚刚发生滑坡后便通过此地区。千万不要在没有探明情况的前提下就驱车通过。注意滑坡标识。

地质灾害自救

◎ 外出宿营

如果在野外宿营时，不幸遇上滑坡、泥石流、崩塌，不要惊慌，采取以下应急方法。

滑坡：不要顺坡跑，而应向两侧逃离。当遇到无法跑离的高速滑坡时，不能慌乱，在一定条件下，如滑坡呈整体滑动时，原地不动或抱住大树等物。在滑坡发生之后，最好远离滑坡地区，因为可能有再次发生滑坡的危险。有时候做到这一点很难，但请尽量做到。尽快搜索在滑坡地区受伤和受困的人员。如果受过训练的话，采取急救措施，并尽快呼救。注意收听、收看有关紧急状态的最新消息。记住滑坡和泥石流之后常有洪水发生。帮助那些需要特殊照顾的幼儿、老年人和残疾人。

注意滑坡标识

泥石流：向泥石流前进方向的两侧山坡跑，切不可顺着泥石流沟向上游或向下游跑，且不要停留在凹坡处。不要停留在坡度大、土层厚的凹处。避开河（沟）道弯曲的凹岸或地方狭小、高度又低的凸岸。不要躲在陡峻山体下，防止坡面泥石流或崩塌的发生。长时间降雨或暴雨渐小之后或雨刚停不能马上返回危险区，泥石流常滞后于降雨暴发。

选择正确的逃生方向

崩塌：可躲避在结实的障碍物下，或蹲在地坎、地沟里。应注意保护好头部，可利用身边的衣物裹住头部。不要顺着滚石方向往山下跑。确定正确的撤离路线，不要慌不择路，误入危险区。

如果你家住在靠近陡峭的山坡附近，为了防止滑坡和泥石流灾害，你能做些什么？

◎ 在暴雨来临之前

事先对周围的土地条件做充分的熟悉和了解，从当地政府或国土部门、学校等途径获得信息，了解你所住的区域是否曾发生过滑坡或泥石流。曾经发生过泥石流的边坡，将来还有再次发生的可能。

地方政府会出台一些政策和法规，限制在滑坡和泥石流危险区域进行土地利用和房屋建筑。应该支持和配合政府的工作。房屋建筑必须远离陡坡、溪谷、河流、间歇式河道、山沟的出口等险要地段。

注意观察房屋周围的边坡在暴雨时的排水方式，尤其注意水流的汇集地带。注意观测房屋周围的山坡有无活动迹象，如小规模的滑坡或泥石流，以及逐渐倾斜的树木。

与当地的专家或有关部门取得联系，学习本地区的有关应急反应和撤离的知识，做好家庭应急计划和学校应急方案。

◎ 在暴雨期间

保持高度警惕！许多人都是在睡觉的时候被泥石流夺去生命的。注意收听强降雨警报。要注意到短时间的强降雨可能很危险，长时期的降雨和潮湿天气之后的强降雨尤其危险。可以用可乐瓶等自制的雨量筒来观测降水量变化，暴雨天气要格外关注。

如果降雨时，你正处于可能发生滑坡和泥石流的区域，只要能安全离开，请一定迅速离开。

注意那些可能意味着土石运动的声音，如树木的开裂声、石头的撞击声。一小股浑水或泥石后面可能紧跟着大规模的泥石流。如果你在溪谷和沟谷边上，注意水位的突然下降，尤其注意水质是否突然由清变浊。这些变化意味着上游已经发生了泥石流，请迅速离开。不要迟疑，不要考虑任何物品，生命第一！

开车时尤其要小心。道路两侧的堤坝尤其容易发生滑坡。注意观察路面有没有裂开，路上有没有烂泥、落石及其他显示泥石流的征兆。

四、资源拓展

网站链接

中国地质环境信息网 http://www.cigem.gov.cn/
地质灾害科普手册 http://www.gov.cn/fwxx/kp/2008-05/21/content_986654.htm
国土资源部地质灾害预警 http://www.mlr.gov.cn/zwgk/zqyj/
中国科普博览网 http://www.kepu.net.cn/gb/index.html

海啸

一、认识海啸

◎ 海啸是一种破坏性海浪

区别于普通海浪，海啸是一系列具有超长波长的巨波，在深海中波长通常达到100千米或以上；波速高达每小时700~800千米，在几小时内就能横过大洋；而周期则从10分钟至1小时不等；海啸波幅在深海中不足1米，但行经近岸浅水区时，波速减小而波幅骤增，有时可高达30米以上。这种突然形成的巨大"水墙"会席卷滨海地区，造成灾害。

海啸形成示意图

◎ 海啸发生的直接原因是大规模的水体扰动

地壳构造运动引起的大面积海底突然下降或隆起，大规模的海底滑坡和火山喷发、气象原因等是造成大规模水体扰动的主要原因，而自然界中的大部分海啸是地壳构造运动引起的。海啸按照成因可以分为地震海啸、火山海啸、滑坡海啸、气象海啸、核爆海啸等。

◎ 海啸的危害

海啸发生时，震荡波在海面上以不断扩大的圆圈向远处传播，海啸波可以传播几千千米而能量损失很小，因此，海啸在海平面竖起的"水墙"中蕴含极大的能量。如果海啸到达岸边，"水墙"就会以摧枯拉朽之势冲上陆地，袭击城市和村庄。"水墙"还能挟着重达数吨的沙石及船只、建筑材料等杂物，向内陆扫荡数千米，吞噬一切，导致巨大生命财产损失，甚至物种和文明的毁灭。

背景资料

北京时间2011年3月11日13时46分，日本东北部海域发生9.0级大规模地震。地震引发的海啸波于震后15分钟抵达日本沿岸，并在随后数小时内袭击海岸区。海啸冲至陆地的最高点为37.9米。截至2011年4月28日，地震和海啸共造成日本14564人死亡、11356人失踪以及5314人不同程度受伤，接近20万栋建筑物受损，其中绝大部分由海啸造成，而由海啸间接引起的福岛第一核电站的核泄漏事故对于环境和社会的破坏无法估计。据世界银行估计，日本地震和海啸造成的经济损失约为1220亿美元至2350亿美元之间，而日本政府估计的数字达到了3090亿美元。时任日本首相菅直人表示："这是日本自第二次世界大战结束65年以来最为悲伤和困难的时刻。"

据专家统计，每两年全球发生一次局部破坏性海啸，每10年发生一次越洋大海啸。全球各大洋均有海啸发生。在1900～2000年发生的海啸资料统计中，太平洋海啸约占全球海啸的75 %，因此，太平洋沿岸是海啸灾害的多发区。印度尼西亚、菲律宾群岛、日本、澳大利亚和南太平洋地区等都是太平洋沿岸海啸灾害的多发区，其中印度尼西亚为太平洋海啸的重灾区，历史上该地区共发生过30多次破坏性海啸。

我国海区外围自北而南有千岛群岛、日本群岛、琉球群岛、台湾岛、菲律宾群岛、印尼诸岛等环绕，形成天然屏障，因此，越洋海啸对我国基本没有影响。我国近海渤海、黄海、东海的平均深度都不大，只有南海水深较深，为1200米，因此发生近海海啸的可能性较小。如果南海和东海的个别地方发生大的地震，则可能引发海啸。

二、海啸来临

◎ 海啸来临的信号

海啸波向海岸行进时，会发出火车行驶的隆隆声，海水也会明显后退，裸露出海底和鱼虾，这些都是海啸来临的明显信号。海啸会产生次声波，虽然人听不到，却能够为动物所察觉，所以要关注动物的行为。如果发生了沿海地震，则可能引发海啸。

◎ 预报和预警

大多数海啸是由于地震引发的，因此海啸的预警信息需要由地震监测系统提供，现有的地震监测技术可以迅速监测到地震的发生。而地震波的速度比海啸波的速度要快很多，完全可以利用这个时差对海啸做出预报和预警。所以要重视相关部门发出的海啸预警警报，配合当地的政府、公安部门以及其他应急组织机构的行动，尽早撤离危险地带。

◎ 发布预警

我国将海啸预警级别分为Ⅰ、Ⅱ、Ⅲ、Ⅳ级警报，分别表示特别严重、严重、较重、一般，颜色依次为红色、橙色、黄色和蓝色。由于2011年3月11日，日本后加发生9.0级大地震引发的海啸波及整个环太平洋地区，我国于2011年3月11日首次发布海啸蓝色预警，并于3月11日晚解除。

背景资料

2004年12月26日，年仅10岁的英国小女孩蒂莉正和她的家人在泰国普吉岛的麦克奥沙滩上度假。当时，她观察到海浪突然急速后退，而且海水冒起了大量泡沫，这与她在地理课上学到的海啸来临的征兆完全一样。蒂莉马上把这一发现告诉了家人和游客，100多名游客迅速撤离海滩，向安全地带转移。几分钟后，造成20多万人死亡的印度洋大海啸来临，而这100名游客成功躲过一劫。

三、海啸逃生

看到海啸来临的信号时，就要立刻向地势高的地方撤离，千万不要试图观看海啸或者捡拾留在岸上的鱼虾贝壳，因为海啸波的传播速度很快，如果看到海啸波再撤离，往往已经来不及了。海啸波幅在深海很小，所以船只停靠在水深超过400米的深海比海岸港口更安全；如果船只已经进港，不要企图将船只驶向深海，应该迅速弃船向高地撤离。

国际上通用的表示海啸的图标

四、资源拓展

网站链接

国家海洋环境预报中心 http://www.nmefc.gov.cn/
太平洋海啸预警中心 http://www.prh.noaa.gov/ptwc
海啸研究—中国海啸 http://www.tsunami.net.cn
国际海啸信息中心 http://itic.ioc-unesco.org
平安中国 http://www.pinganchina.org

阅读材料

海啸分类

海啸按照形成原因可分为地震海啸、火山海啸、滑坡海啸、气象海啸等。

地震海啸。由于地震引发的海啸称为地震海啸。2004年12月26日发生的印度洋海啸就是地震海啸。

火山海啸。火山爆发引起的海啸称为火山海啸。1883年，印度尼西亚喀拉喀托火山突然爆发，巨大的火山喷发物坠落到巽他海峡，随之激起一个30多米高的巨浪，以音速涌向爪哇岛和苏门答腊岛，片刻之间就吞噬了3万多人的生命。

滑坡海啸。由海底滑坡引起的海啸称为滑坡海啸。

气象海啸。由于气象风暴因素引发的海啸称为气象海啸，一般表现为风暴潮。这并不是严格意义上的海啸。

另外，海啸按发生的地理位置分类还可以分为越洋海啸和近海海啸。横越大洋或从远洋传播来的海啸称为越洋海啸。近海海啸的生成源与危害地同属一地，海啸波到达沿岸的时间很短，有时只有几分钟或几十分钟，往往无法预警，危害严重。

火灾

一、认识火灾

火的使用是人类文明发展进程中最为重要的标志之一，但失去控制的火会给人类造成灾难。

◎ 地震极易引发次生火灾

地震次生火灾的主要特点是容易发生，次生火灾场合具有多样性，从而也决定了地震次生火灾的易发性。它经常发生在易燃易爆场所，这也是最危险的次生火灾。随着现代工业发展的需要，加工、使用、经营、运输、存储易燃易爆物品的单位和场所越来越多，如石油化工厂、加油站、液化气站等在城市里星罗棋布。这些拥有易燃易爆物品的企业不仅在数量上越来越多，而且在规模上也越来越大，这些都使得一旦发生地震，所引发的次生火灾的规模越来越大，损失也越来越严重。

◎ 地震次生火灾危害大

1999年的土耳其大地震引起了土耳其最大的石油提炼企业蒂普拉什联合炼油公司发生大火，并导致了连锁大爆炸，造成的直接经济损失高达50亿美元，造成该国油料的严重短缺，相关工业陷入瘫痪，其间接损失更是难以估量。资料显示，仅地震次生火灾造成的蒂普拉什联合炼油公司的直接经济损失就占了这次大地震全部直接经济损失的1/4强，更不用说还有无法计算的巨大间接经济损失。地震次生火灾的危害之大由此可见一斑。

在同年发生的我国台湾大地震中，地震次生火灾给生产绍兴酒和白兰地酒的南投酿酒公司也带来了沉重的打击。南投酿酒公司厂房因地震起火，大火导致存储量约达470多吨的大型酒罐爆炸，持续烧了两天两夜，直接经济损失高达60亿新台币。

大火救援

◎ 火灾隐患

在火灾统计中，将火灾原因分为七类：放火、生活用火不慎、玩火、违反安全操作规程、违反电器安装使用规定、设备不良、自燃等。在生产、生活活动中，大量的火灾是由于操作失误、设备缺陷、环境和物料的不安全状态及管理不善等引起的。为此我们要从人、设备、环境、物料和管理等方面提高防火意识，消除火灾隐患。

城市建筑物密集，人员密集场所一旦发生火灾，如没有标准的疏散通道、灭火消防设施，造成人员、财产损失的程度难以估量。

城市火灾的发生，除了少数是纵火、雷击、强风、地震、战争等原因引起的之外，绝大多数是由于一些小的隐患或疏忽造成的。在生产、生活中，火灾的隐患常常与我们为邻。

近几年来，我国每年发生火灾约4万起，死2000多人，伤3000~4000人，每年火灾造成的直接财产损失10多亿元。其中，以城市建筑火灾为主。火灾不仅烧毁房屋、工厂、仓库等，使人们辛勤劳动所创造的物质财富在瞬间化为灰烬，破坏基础设施，造成直接和间接的经济损失，一定程度上影响着社会经济的发展和人们的正常生活；而且，还会导致大量的人员伤亡，造成难以消除的身心痛苦，以及导致社会秩序的混乱、大气污染等。

背景资料

时间：2014年1月11日凌晨

地点：云南香格里拉独克宗古城，建城距今1300多年，是目前国内保存最好、最大的藏族群居性、多土木结构建筑。

损失：共造成古城335户群众受灾，烧毁房屋242栋，造成古城部分文物、唐卡等文化艺术品烧毁，古城核心区被完全烧毁，经济损失达1亿元以上，当地旅游经济遭受严重打击。

起火原因：经营者用电不慎，导致窗帘起火。

安全隐患：房屋多为土木结构，易燃烧；城内通道狭窄，大型消防车无法进入受灾核心区。

二、火灾来临

一场火灾一般要经过初起、发展、猛烈三个阶段。初起到发展一般要经过5~7分钟，是灭火最有效的时机。延误了这个时机，火势到了猛烈阶段，通常难以扑救。

◎ 逃生和报警

发现火情时，要有逃生的意识，并及时拨打火灾报警电话119。

活动：拨打火警电话

请模拟一次火警报警，写出你报警时应陈述的内容。

（1）讲清失火单位的名称、地址、起火部位、着火物资、火势大小、是否有人被困等情况。

（2）留下自己的电话号码和姓名。

（3）打完电话后立即派人到交叉路口等候消防车的到来。

（4）迅速组织人员疏通消防车道，消除障碍物，使消防车到火场后能立即进入最佳位置灭火救援。

（5）如果着火地区发生了新的变化，要及时报告消防队，使他们能及时改变灭火战术，取得最佳效果。然后还应主动拨打110报警，以便公安部门第一时间赶到对火灾原因展开调查。

◎ 扑灭初起火灾

在消防人员尚未到达而我们又力所能及的情况下，要先想办法扑灭初起火灾。要当机立断切断失火房间或楼层的电源，关闭通风管道和门窗，打开排烟阀门，利用灭火器等消防器材扑灭初起的火灾。

◎ 掌握常规的灭火方法

如果炒菜时油锅起火，迅速将锅盖紧紧盖上，使锅里的油火因缺氧而熄灭，不可用水扑救。纸张、木头或布起火时，可用水来扑救。而汽油、酒精、食用油着火时，则用土、沙泥、干粉灭火器等灭火。电器着火，可切断电源后用毛毯、棉被覆盖窒息灭火，如仍未熄灭，再用水浇。一旦发现是燃气泄漏所致，则要迅速关闭气源阀门，打开门窗通风，严禁触动电器开关和使用明火。

当火灾刚发生时，如果及时采取有效的扑灭措施，将有助控制火情，不仅要等待消防车辆的救援，同时需要确保自身安全。

不同类型的火灾应使用不同类型的灭火器，且不可混乱应用。同时注意压力表显示指针是否处于绿色区域，这样才可以正常使用。

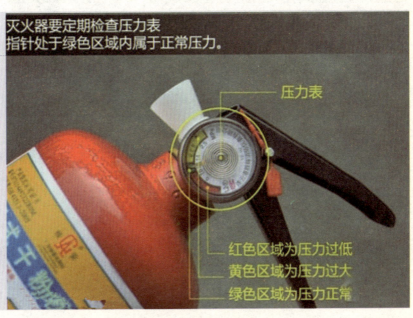

灭火器要定期检查压力表指针处于绿色区域内属于正常压力。

压力表

红色区域为压力过低
黄色区域为压力过大
绿色区域为压力正常

正确使用灭火器

火灾种类 / 灭火器类型		A类火灾 含碳固体火灾	B类火灾 油品火灾	B类火灾 水溶性液体火灾	C类火灾 可燃性气体火灾	D类火灾 电气设备火灾	使用温度范围/℃
水型	清水	适用	不适用	不适用	不适用	不适用	4~55
	酸碱						
干粉型	磷酸铵盐	适用	适用	适用	适用	适用	零下10~55
	碳酸氢钠	不适用					
化学泡沫		适用	适用	不适用	不适用	不适用	4~55
卤代烷型	1211	适用	适用	适用	适用	适用	零下20~55
	1301						
二氧化碳		不适用	适用	适用	适用	适用	零下10~55

① 提起灭火器　② 拉开安全插销　③ 握住皮管，朝向火苗　④ 用力压下鸭嘴

⑤ 朝火源根部喷　⑥ 左右移动喷射　⑦ 熄灭后用水冷却除温　⑧ 保持监控，确保熄灭

干粉灭火器的使用方法

自救呼吸器能有效地滤除火灾中产生的一氧化碳、二氧化碳、氰化氢、丙烯醛、烟雾等有毒气体。其中，综合防毒时间：≥120分钟。保证佩戴者正常呼吸，防止中毒。

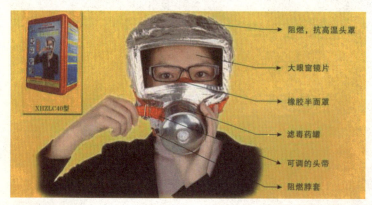

XHZLC40型

阻燃，抗高温头罩
大眼窗镜片
橡胶半面罩
滤毒药罐
可调的头带
阻燃脖套

了解自救呼吸器

灭火毯或称消防被、灭火被、防火毯、消防毯、阻燃毯、逃生毯，是由玻璃纤维等材料经过特殊处理编织而成的织物，能隔离热源及火焰，阻隔空气，达到灭火的目的，可用于扑灭油锅火或者披覆在身上逃生。

遇到地震火灾时用湿毛巾捂住口鼻

◎ 逃生原则

身陷火场，只要能够镇定应对，运用逃生知识，就会劫难余生。在校园、商场、公交车、地铁等人员密集的公共场所发生火灾时，逃生应遵循三个原则。

①守秩序，听从指挥，按照安全疏散指示逃离。

②保持镇静，迅速逃向安全的避难空地。在公交车上发生火灾时，要砸窗或从车门逃生。在地铁里发生火灾时，隧道空间狭小，千万不可试图打碎玻璃或者打开安全门逃生，应避免烟雾迅速蔓延进入车厢，要沿逆风方向和疏散指示方向逃离。

③别蹲下。人员密集的地方，发生火灾时蹲下容易发生踩踏事件，造成不必要的安全损伤。

三、防患于未"燃"

在日常生活中，稍有不慎就会酿成火灾，造成不必要的损失。

◎ 要有逃生的意识

要清楚了解住宅周围的环境，并熟悉逃生路线。必要时可集中组织应急逃生演练，熟悉建筑物内的消防设施及自救逃生的方法。要经常自查家中的火灾隐患。应保证楼梯、安全出口等畅通无阻，切不可堆放杂物或设闸上锁，以便紧急时能安全迅速地通过。平时最好储备一些逃生自救装备，如自救绳、缓降器、救生袋、呼吸器等，绳子、剪刀和手电，也是遭遇火灾时逃生的必备工具。居住在高层的居民应常备一只灭火器以防不测。

当你处在陌生的环境时，如入住酒店、商场购物、进入娱乐场所时，为了自身安全，务必留心疏散通道、安全出口及楼梯方位等，以便关键时候能尽快逃离现场。要学会分辨消防安全标识图案。

紧急出口　紧急出口　滑动开门　滑动开门　推开　拉开　地上消火栓　禁止阻塞　禁止锁闭　禁止用水灭火　禁止吸烟

活动：请你依照以下六个步骤，设计家中火灾的逃生路线。

第一步：画一幅自家住房平面图。

第二步：在图上标出所有逃生出口，如是高层建筑，标出出门后疏散楼梯方向。把所有房门、窗户、楼梯都标注在图上，同时标注住房周围的疏散楼梯。

第三步：如果可能，尽量为每个房间画出两条逃生路线。特别注意逃生出口 —— 房门、窗户，确保能正常使用。如有防护装置，一定记得准备相应的应急工具。

第四步：重点关注火灾发生时家里其他需要帮助的成员 —— 小孩、老人或者残疾人等。此外，火灾逃生时，如有可能，请顺便大力敲一下邻居房门，帮助邻里逃生。

第五步：在户外确定一个会合点。

第六步：在户外给消防队打电话报警。

一定记得演练你的火灾逃生计划，并开展演习。

◎ 选择正确的逃生方法

在商场、宾馆、影剧院等公共场所时，要留心安全出口、灭火器的位置及火灾逃生示意图，以便遇到火灾能及时疏散和灭火。被困火灾中，应当利用周围一切可利用的条件逃生，如利用消防电梯、室内楼梯进行逃生，普通电梯千万不能乘坐。更重要的是保持镇静，不要惊慌，不盲目行动，选择正确的逃生方法才能成功脱险。

四、资源拓展

网站链接

中国消防在线 http://119.china.com.cn/
中国消防服务网 http://www.firecn.net/
上海民防 http://www.mfb.sh.cn/

阅读材料

火灾逃生方法

匍匐前进法：在逃生过程中应尽量将身体贴近地面匍匐或弯腰前进。

毛巾捂鼻法：疏散中应用湿毛巾捂住口鼻，以起到降温及过滤的作用。

绳索自救法：将绳索或床单、被单、窗帘等撕成条拧成麻花状，一端拴在门窗或重物上，沿另一端爬下。

卫生间避难法：当实在无路可逃时，可利用卫生间避难，用毛巾紧塞门缝，把水泼在地上降温，也可躺在放满水的浴缸里躲避。

跳楼求生法：住在低楼层的居民可采取跳楼的方法进行逃生。但要选择较低的地面作为落脚点，并先将席梦思床垫、沙发垫、厚棉被等抛下，作为跳下落地时的缓冲物。

传染病

　　震后防疫，是指突袭而来的地震灾难发生后，因为生态环境平衡遭受严重破坏，动植物丧失生命而导致腐烂变质，产生疫原。通过昆虫和微生物运动携带传递和扩散细菌病毒，导致发生疫区。我们主要通过学习传染病知识来预防疾病，避免疾病的蔓延。

　　地震后可能出现的疾病有：肠道传染病，如霍乱、甲肝、伤寒、痢疾、感染性腹泻、肠炎等；虫媒传染病，如乙脑、黑热病、疟疾等；人畜共患病和自然疫源性疾病，如鼠疫、流行性出血热、炭疽、狂犬病等；经皮肤破损引起的传染病，如破伤风、钩端螺旋体病等；常见传染病，如流脑、麻疹、流感等呼吸道传染病等。

　　大灾之后很容易引发"大疫"，对灾区的消毒工作一定不能怠慢。

一、认识传染病

　　疾病，与人类生命同起源。疾病，也是对人类生命的挑战。人类在进化，病菌也在进化。在对人类造成危害的所有疾病中，威胁最大的就是传染性疾病。

　　◎ 传染病是威胁人类健康的头号敌人

　　传染病是由各种病原体引起的能在人与人、动物与动物或人与动物之间相互传播的一类疾病，称为法定传染病。病原体中大部分是微生物，小部分为寄生虫，寄生虫引起者又称寄生虫病。有些传染病，防疫部门必须及时掌握其发病情况，及时采取对策，因此发现后应按规定时间及时向当地防疫部门报告。中国的法定传染

病有甲、乙、丙三类，共39种。传染病如不及时预防和治疗，就能迅速传播，严重威胁人们的生命和健康。传染病给人类带来的巨大灾难比战争和自然灾害更严重、更可怕。根据世界卫生组织的统计，在过去20多年内至少出现了30多种新的传染病。除SARS外，一些新的传染病如埃博拉病毒、军团病、禽流感等纷纷出现。每年全球死亡人口中大约有1/4是死于传染病。在非洲，60%以上死亡人口的死因是由于染上了传染病。

传染病的主要特征是：①具有特殊的病原体；②有传染性；③有流行性、季节性、地方性，如乙型脑炎多发生于夏末秋初，流行性脑脊髓膜炎多发生于冬春季节；④有免疫性：大多数患者在疾病痊愈后，都可产生不同程度的免疫力，有的是终生免疫；⑤可以预防。

◎ 常见传染病的传播途径

一般分为四种：①通过空气传播；②通过食物传播；③通过身体接触或体液传播；④通过虫媒传播。

二、传染病的发生

传染病流行有三个基本条件：传染源、传播途径和易感人群。切断任何一个环节都可以使传染病终止流行。

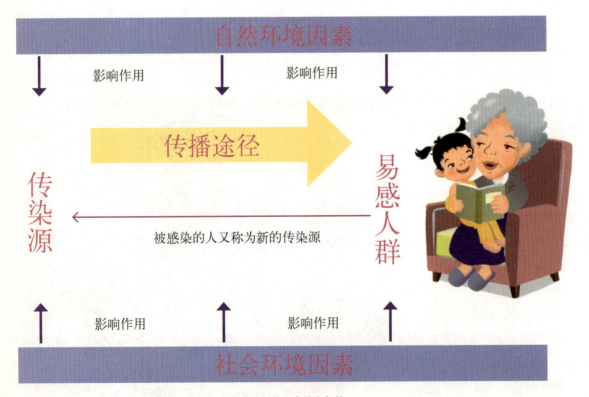

传染病流行的三个基本条件

◎ 管理传染源

传染源可以是疾病的患者、隐性感染者、携带者及被
感染的动物。对于已经确诊的患者，要尽早隔离，带有病
原体的分泌物或其他接触物要消毒处理。对隐性感染者和
携带者要进行临床观察。被感染的动物，像牛羊、鸡鸭等
能够带来经济效益的应当尽力治疗，无法治愈的在宰杀后
也要进行消毒处理；像蟑螂、苍蝇、蚊子等害虫则要毫不
留情地消灭。由于道路不畅，灾区最缺的水、食品和帐篷
这三样物资不能及时运送发放到群众手中，一些群众想尽

办法取水饮用，包括雨水、坑水、池塘水、河水、游泳池的水，甚至是工业废水等。饮用
这些不卫生的水，导致出现部分受灾群众腹泻的情况，从而造成肠道传染病的发病率急剧
上升。

由于灾后环境的恶化，许多食品可能受到不同程度的污染，加上受条件的限制，在加
工食品时达不到卫生标准。此外，灾害发生后，其他地区或国际社会都会支援一定数量的食
品，由于人员和保管设施的不足而可能造成食物变质。灾区群众尽量不要吃生食、冷食和过
夜的食物。对从废墟中"抢救"出的食物，切记煮熟煮透。

◎ 切断传播途径

各种传染病都有其特有的传播方式，呼吸系统传染病一般都是经过空气传播，如SARS
病毒，应保持室内开窗通风，勤消毒， 可以让人们戴上口罩，尽量少去人多的公共场所；消
化系统传染病多是经过粪—口或是直接接触病人分泌物而感染上的，像痢疾、蛔虫病，这就
要督促人们勤洗手，不要随意接触病人的物品，加强饮食卫生及个人卫生，做好水源及粪便
管理。虫媒传染病，应有防虫设备，并采用药物杀虫、防虫、驱虫，等等。有些传染病，如
乙型肝炎还可通过输血、性交、分娩等途径传播，也可以由母亲通过胎盘
传给胎儿。通过了解传播的方式，采取相对应的措施，阻断疾病的扩散和
流行途径。

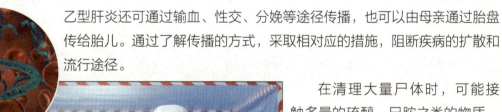

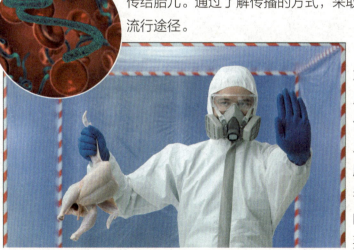

在清理大量尸体时，可能接
触多量的硫醇、尸胺之类的物质。
尸体腐化分解后产生气体物质和液
体物质，其中的多胺类化合物总称
尸碱。尸碱与腐生菌同时繁殖的化
脓性葡萄球菌和沙门氏菌所产生的
毒素引起中毒。可戴用活性炭过滤
的防毒口罩除恶臭。接触尸体的手
要戴手套，特别要注意防止手部外

伤，以免沾有细菌毒素引起中毒。一般大灾之后，都对尸体进行集中消毒、火化或者掩埋处理。

◎ 保护易感人群

并不是所有接触了传染源的人都会被传染，只有当这个人对于该疾病没有免疫力的时候，才会有很大可能患病。平时可以靠养成并保持良好卫生健康的生活方式和加强营养、锻炼身体来提高免疫系统的抵抗力。但是对于传染病来说，最有效果的还是进行预防接种防疫疫苗。

三、有效防疫

◎ 有效预防传染病，首先要加强锻炼，合理运动能促进人体内环境的良性循环，增强对传染病的抵抗力。

◎ 养成良好的生活习惯，劳逸结合。注意饮食营养应全面合理。适当补充维生素，如维生素A、C、E，对我们提高免疫力、防病抗病，有重要的作用。可以通过多吃水果、蔬菜、肝脏和谷物等食物来补充这些维生素。适当多饮水，一方面可以排出人体毒素，还可保持呼吸道黏膜湿润，避免病菌的侵入。

◎ 养成良好的个人卫生习惯。要掌握正确的洗手方法，尤其是接触过公共物品后，要先洗手再触摸自己的眼睛、鼻子和嘴巴，同时要用清水洗一下嘴唇再喝水、吃东西，特别是干燥有风的天气或涂抹唇膏，都会使灰尘黏附在嘴唇周围。打喷嚏和咳嗽时应用纸巾捂住口鼻。

◎ 保持室内通风。减少细菌、病毒在空气中的密度。

◎ 在疾病流行期间，少去人密集的场所，防止发生交叉感染。

四、资源拓展

网站链接

中国疾病预防控制中心 http://www.chinacdc.cn/zxdt/201402/t20140210_93291.htm
中华预防医学会 http://www.cpma.org.cn/
医学教育网 http://www.med66.com/
中国医疗信息网 http://www.ylwsxx.com/

卫生热线12320——你的健康好朋友

中国红十字会

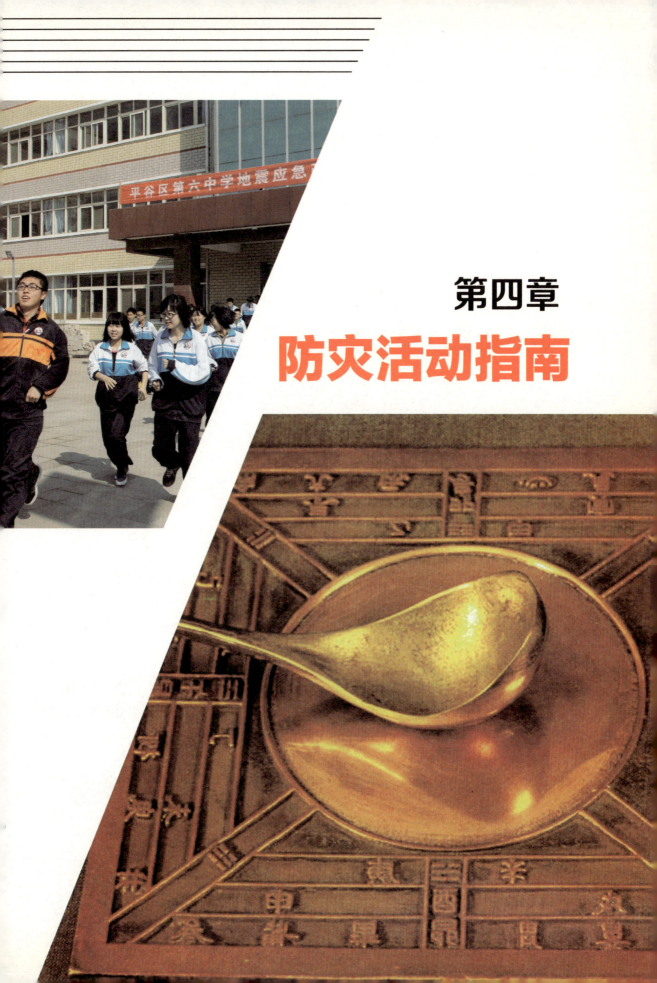

第四章

防灾活动指南

一、排查灾害隐患，建立灾害隐患清单

思考人与灾害的关系，排查灾害隐患，建立灾害隐患清单。学校除了开展应急演练、灾害教育外，还应排查校园灾害隐患。无论是从硬件上，还是软件上，都要考虑到灾害及风险的不确定性，做到万无一失。排查灾害危险隐患是增强学校抵御风险能力的重要保障，它对于了解学校自身的防灾减灾能力具有重要的意义。

在建立灾害危险隐患清单时，要特别明确隐患可能发生的地点、类别、强度等因素，并配备专门的防灾责任人，建立如下表所示的灾害危险隐患清单。

序号	灾害类别	危险等级	责任人	备注
1	地震			地震灾害本身不带来人员伤亡，主要是因为建筑物倒塌危及师生安全，排查建筑安全
2				
3				
4				

> 填表说明：
>
> 1. 地点：用文字描述灾害危险点的详细地点。
>
> 2. 灾害类别：包括自然灾害——地震、滑坡、泥石流、洪水等，如果还有其他类别可以自行添加。
>
> 3. 强度级别分为三级：1级为最危险，2级为比较危险，3级为一般危险。

针对火灾、重大交通事故、集体食物中毒、传染疾病、毒性化学物灾害、自伤自杀、爆裂物、人为破坏与失窃事件、校园侵扰事件、械斗凶杀与帮派斗殴事件、校园建筑设施伤害等常见校园灾害风险，列出学校常见人为灾害清单。

序号	灾害类别	危险等级	责任人	备注
1	火灾			
2	交通事故			
3				
4				

填表说明：

1.地点：用文字描述灾害危险点的详细地点。

2.灾害类别：包括人为灾害——火灾、公共卫生事故、交通事故等，如果还有其他类别可以自行添加。

3.强度级别分为三级：1级为最危险，2级为比较危险，3级为一般危险。

灾害脆弱人群主要包括老年人、小孩、孕妇、病患者、伤残者等弱势人员。学校灾害脆弱人员主要是青少年学生、儿童，特别是残障人士，灾害教育应关注弱势群体，关注脆弱人群。除获取学校弱势群体清单外，也需要了解学校和家庭情况、了解学校周边社区居民情况，方便灾后救灾策略的制定。同时还要确定对口帮扶弱势人员的负责人。

序号	姓名	班级	责任人	备注
1	张三			
2				
3				
4				

填表说明：

1.人口脆弱类别分为：残障学生，儿童，留守家庭子女。

2.请分别具体说明。

针对各类灾害的学校危房清单：

序号	建筑名称	年代	类型	易损级别	备注
1	实验楼				抗震加固
2					
3					
4					

填表说明：

1.房屋类型分为土木结构、砖木结构、砖混结构、砖砌体、钢混结构等。

2.房屋易损级别分为1、2、3三级，其中1级为最容易损坏，2级、3级为最不容易损坏。

学校灾害脆弱公共设施主要包括学校内的道路、广场、围墙等公共设施。

序号	设施名称	年代	类型	易损级别	备注
1	围墙				抗震加固
2					
3					
4					

填表说明：

1. 建筑类型分为土木结构、砖木结构、砖混结构、砖砌体、钢混结构等。

2. 易损级别分为1、2、3三级，其中1级为最容易损坏，2级、3级为最不容易损坏。

二、寻找身边的应急避难场所

寻找身边的应急避难场所，绘制应急避难场所地图，找出学校、家庭到应急避难场所的最近、最安全的路线。

设置防灾避险指示标识

三、学习法律法规，依法防灾减灾

《中华人民共和国防震减灾法》由中华人民共和国第八届人民代表大会常务委员会第二十九次会议通过，并从1999年3月1日起施行。该法是中国历史上第一部减轻地震灾害的法律，全面阐述了"预防为主"的减灾方针、减灾工程措施的建设内容，规定了各级政府、人民团体、科研机构和全体公民在减轻地震灾害中的任务、责任和义务。2008年汶川地震后，对该法进行了修改，新法从2009年5月1日开始实施。

《北京市实施〈中华人民共和国防震减灾法〉规定》于2013年7月26日北京市第十四届人民代表大会常务委员会第五次会议通过，自2014年1月1日起施行。

自1996年起，我国确定每年3月份最后一周的星期一为全国中小学生"安全教育日"。

每年的5月12日是我国的"防灾减灾日"，2009年3月2日经国务院批准、由民政部和国家减灾委员会公布。

每年10月的第二个星期三，是联合国经济及社会理事会于1989年确定的"国际减灾日"。2009年，改为每年10月13日。

【近几年国际减灾日主题】

2007年：减灾始于学校
2008年：减少灾害风险，确保医院安全
2009年：让灾害远离医院
2010年：建设具有抗灾能力的城市：让我们做好准备
2011年：让儿童和青年成为减少灾害风险的合作伙伴
2012年：女性——抵御灾害的无形力量
2013年：面临灾害风险的残疾人士
2014年：提高抵御能力就是拯救生命

四、学习制作防灾地图

什么是防灾地图

什么是防灾地图呢？地图可分为一般地图与主题地图，防灾地图属于主题地图的一种，其是为了达到防灾减灾的目的，通过调查搜集资料、绘制而成表示灾害风险分布、逃生路线、安全地点的地图。防灾地图表示区域具有不同尺度，淡化无关地理要素。防灾地图可以分为专业层面、一般意义的防灾地图，前者表示灾害风险（地震、洪水、滑坡、泥石流、雪灾、火山、海啸、核电事故等）的区域分布特征，并可与地质图、地形图等叠加；后者针对不同灾害应对的逃生路线、安全地点地图，表现形式多样，资料翔实、颜色对比明显，通俗易读，多以小区域、大比例尺出现，如旅游区防灾地图。

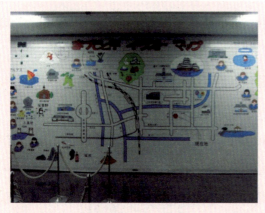
学生绘制的松本旅游地图

学生绘制的松本旅游地图

通过绘制、使用防灾地图可提高公民的灾害应对能力、防灾素养以及地图素养。公众如能把防灾地图内化成脑中地图、心理地图，当灾害来临时，便能快速正确选择逃生路线，在最短的时间内，到达安全场所。日本等国由于灾害多发、防灾素养较高，其对防灾地图重视程度较高，人群密集地区、旅游地都有相对应的防灾地图设置，居民地分发有该区域防灾地图，政府网站也可以下载相应的电子防灾地图，以实现快速疏散，确保生命安全。值得一提的是，日本旭川儿童环境地图比赛2012年度的指定主题就是"防灾"，之前几年的主题有环境中的石头、花、垃圾桶、树木等，这也使得我们思考改变忌讳谈灾害的传统文化，灾害、风险与其他自然现象一样始终存在于自然与人类社会中，人类只有真正认识、了解它之后，才能应对自如，而不是一味逃避和盲目乐观、漠视。

如何绘制防灾地图

除了政府、研究机构绘制外，公民也可以积极参与，自主绘制社区、学校防灾地图，如下图的东京都新宿区防灾地图，不同地区应选择不同的应急避难场所，其根据距离、交通等因素绘制，确保公民能在最短时间到达避难场所。防灾地图与应急避难包一样重要。

那么如何绘制防灾地图呢？首先应明确选题、区域尺度与方法。

选题。明确灾种，是针对地震、洪水还是海啸等；是针对防灾工程措施还是其他；是灾害风险分布图还是逃生图。

明确区域范围。如社区、学校等。

调查方法。实地调查、或是使用航拍、卫星地图。绘制人应从身边的环境、兴趣和主题入手，充分利用五官感知、适当使用相关仪器。准备调查所需的地图和用具，思考整个地图制作的进程，确定在户外进行调查的步骤，使用怎样的比例尺，等等。防灾地图制作流程：制订计划（选题）、资料收集（底图、基本信息）、调查准备（途径、工具、路线）、调查记录（标记、拍照、采样）、地图绘制（表现形式）。居民参与绘制较佳，这与防灾小组会议一样，可以调动参与成员积极性，实现真正意义的防灾减灾公众参与。

防灾地图须有：避难场所名称、地点、可容纳避灾人数等避灾能力信息等，有合理明晰的避难路线；避难场所明确标注了紧急救助、安置、医疗等功能分区。

如何使用防灾地图

注意地图的几大要素，如方向标、比例尺等要素，根据逃生路线实现有序撤离、避免盲从、避免伤害。

鼓励社区居民、学校师生自主绘制当地防灾地图，促进其转化为脑中地图。

外来者的使用，由于外来者对于情况陌生使其更具有脆弱性，应在醒目地方设置防灾地图；应出版外文版的防灾地图并免费发放；条件具备的话，应出版相应配套防灾手册，也可以把相关信息集成于地图。

应设置与地图逃生路线相应的标识。

美国波特兰西海岸的海啸逃生指示牌

五、开展防灾演练

　　学校要将自然灾害应急演练纳入教学计划，每学期至少演练一次。按教育部要求，防灾减灾教育要列入教学计划，覆盖到每所学校、每个班级和每个学生，各级各类学校每学期至少开展一次自然灾害应急演练。

　　活动1：地震逃生演练（地震发生后应躲在桌子下，等无晃动感觉之后再疏散）

　　活动2：恶劣天气逃生技巧学习及模拟演练

　　活动3：洪水、海啸逃生技巧学习及模拟演练

　　活动4：滑坡、泥石流逃生技巧学习及模拟演练

　　活动5：火灾逃生演练

　　活动6：有毒气体泄漏逃生技巧学习及模拟演练

背景资料

　　警铃响起时不要慌张乱跑，应听从老师安排抱头靠在桌边或墙边。

　　撤离过程应按规定路线疏散，不得串线，不得擅自脱离队伍。

　　疏散过程中，也应用双手护头，以防被砸。

　　疏散过程要迅速，应自行成队有秩序撤离，但不要慌乱奔跑，更不要争先恐后。

　　学生到达集中地点后，应保持镇静，听从老师指挥。

六、准备应急包

　　家庭应急包里应放有身份证件、逃生绳、常用药品、食物、换洗衣物、锤子、电池、手电筒、针线、纸笔、地图、多用刀、纸巾、毛巾和指南针等物品。

应急物资储备	
水	紧急情况下储备家庭使用的三天水量，以每人每天4升的标准储存。若有儿童、老人、病人则需加量。水须装在干净、密封、易携带的塑料瓶中
食物	不需冷藏、即开即食、少含或不含水分的固体食品，如饼干、方便面等
应急工具	绳子、锤子、哨子、电池、手电筒、针线、纸笔、地图、多用刀、防水火柴、蜡烛、铁杯、纸巾、无线电收音机、毛巾、手套、太阳镜
卫生用品	个人卫生用品（牙刷、牙膏、梳子等）、香皂、洗衣粉
衣物	每位家庭成员至少备有两套换洗衣物。轻便结实耐磨的鞋子和舒适的袜子、帽子、手套、内衣、毯子、睡袋、雨衣
医药包	医用材料、外用药、内服药等，感冒药、酒精、棉签、创可贴、纱布等
特殊物品	现金、存折、户口簿等重要的家庭文件（装在密封防水的容器中）
婴儿用品	尿布、奶瓶、奶粉及所需药品

七、探究与实践

通过创建示范学校，与安全社区联动，带领学生走进社区，宣传防灾减灾知识、普及防灾安全文化，提高全民防灾素养。

读下列关于地震的图文资料，回答问题。

材料1：2010年以来世界上发生了一系列强烈地震，图中显示了其中六次大地震的时间、地点和震级。

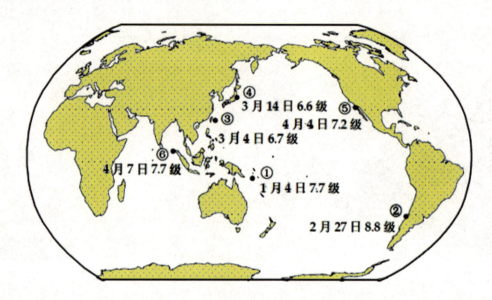

材料2：2010年2月27日智利地震，引发滑坡等地质灾害，造成人员伤亡。地震引发的海啸甚至波及到日本，导致该国水产设施严重破坏，海水养殖遭受巨大经济损失。

材料3：海地多年来政治经济不稳定。许多建筑物无法达到合格的抗震标准；而智利社会相对稳定，经济较为繁荣，政府颁布建筑物抗震设计规范，将不合规范的房屋拆除。

材料4：

国家	时间	震级	震源深度（千米）	首都距震中距离（千米）	伤亡情况
海地	2010年1月12日	7.3	10	16	伤亡约55万人
智利	2010年2月27日	8.8	60	320	死亡近千人

1.读图判断图中地震发生地所属的火山地震带，填写下表。

火山地震带的名称	图中所示地震发生地的标号

2. 图中地震发生地①、③、⑤所处位置分别是哪些板块的交界处。从材料1和材料2可知，这些地震体现的自然灾害具有的主要特点是什么？

3. 智利地震震级高于海地地震，但破坏程度相对较小，结合所学知识，分析其原因。

4. 对比表格中的数据，再对比日本"3·11"大地震与"5·12"汶川大地震的相关数据，你发现了什么？是什么导致了死伤人数差异？思考你能为防震减灾做什么？

> ▌ **答案要点**
>
> 1. 环太平洋火山地震带：①②③④⑤；
>
>   地中海——喜马拉雅火山地震带：⑥。
>
> 2. ①印度洋板块与太平洋板块交接处地壳活跃，多火山地震；
>
>   ③亚欧板块与太平洋板块交接处地壳活跃，多火山地震；
>
>   ⑤美洲板块与太平洋板块交接处地壳活跃，多火山地震。
>
> 3. 人口密度小，建筑物抗震强度高，震源较深，防灾减灾措施得力。
>
> 4. 人口密度、建筑物的抗震强度、震源深浅、防灾减灾的措施影响到死伤人数。我们应该加强防灾减灾知识的学习。

八、思考与实践

滑坡、泥石流、崩塌有明显的集中性，一般发生在持续暴雨时期。在我国西南地区，滑坡、泥石流、崩塌多发于6~9月。在西北地区多发于7、8月。为了防止滑坡和泥石流灾害，你能做些什么？阅读以下材料，回答如下问题：

2004年7月20日云南德宏傣族景颇族自治州盈江县发生滑坡，泥石流灾害。这次"7·20"特大洪涝泥石流灾害，是建国以来盈江县遭受的最严重的一次自然灾害。

这次滑坡泥石流席卷了盈江10多个乡镇，但是人员伤亡主要发生在支那乡的两个村寨。居住在这两个村寨的基本上都是老百姓。走进支那村石洞寨，眼前的景象令人触目惊心。整个村寨都被埋进了泥里，大部分房屋只露出了房顶。从倒塌房屋里凌乱的衣物和散落在现场的物品不难看出，当时人们离开时是何等惊慌。除了几只被遗弃的动物在四处游荡，整个村寨就像一座凝固的死城，静寂无声。

云南省国土资源厅工作人员解释说："盈江县特别是芦山村这一带，它的岩石结构比较疏松，而且是一种特殊的岩石，易于风化，风化以后，土层都比较厚，特别是在陡坡地带的风化石，一旦碰到强降雨，土体水分饱和以后，就给这种土体一种压力，相当于一种液压，一种持续的液压，在土体承受不了这种压力的情况下，它就会顷刻间发生滑坡。"

据盈江县国土资源局人员说，对于泥石流的预防工作，一般是通过平时的排查，发现隐患，然后建立监测点，再在暴雨等天气时加强预防。而有盈江县国土资源局工作人员证实，在此之前，他们并没有在支那乡建立监测点。

思考：

1. 云南盈江频发滑坡、泥石流的原因是什么？滑坡、泥石流同时发生的原因是什么？

2. 应该采取哪些措施减少滑坡和泥石流造成的损失？

3. 说明地震、泥石流和滑坡的发生原因和过程。

▌答案要点

1. 岩石结构比较疏松，山区坡陡，地震加剧，灾害链。

2. 工程措施：拦挡工程、植树造林等；非工程措施：监测预报、教育。

3. 地震造成的松散物，容易造成滑坡；暴雨之后容易形成泥石流。